अयोध्या

इतिहास : संस्कृति : विरासत

सम्पादक

डॉ. लवकुश द्विवेदी

संरक्षण

योगी आदित्यनाथ

माननीय मुख्यमन्त्री, उत्तर प्रदेश

मार्गदर्शन

श्री जयवीर सिंह

माननीय मन्त्री, संस्कृति एवं पर्यटन विभाग, उत्तर प्रदेश

निर्देशन

श्री मुकेश कुमार मेश्राम

प्रमुख सचिव, पर्यटन एवं संस्कृति विभाग, उत्तर प्रदेश

अध्यक्ष-संस्थान

श्री शिशिर

निदेशक, संस्कृति निदेशालय, उत्तर प्रदेश

उपाध्यक्ष-संस्थान

वाणी प्रकाशन

ESTD.-1986

अयोध्या शोध संस्थान

अयोध्या

इतिहास : संस्कृति : विरासत

सम्पादक

डॉ. लवकुश द्विवेदी

निदेशक

अयोध्या शोध संस्थान, संस्कृति विभाग, उत्तर प्रदेश

वाणी प्रकाशन

4695, 21-ए, दरियागंज, नयी दिल्ली 110 002

फ़ोन : +91 11 23273167 फ़ैक्स : +91 11 23275710

शाखाएँ

अशोक राजपथ, पटना 800 004, बिहार

कॉफ़ी हाउस कैम्पस, महात्मा गांधी मार्ग, इलाहाबाद 211 001, उत्तर प्रदेश

महात्मा गांधी अन्तरराष्ट्रीय हिन्दी विश्वविद्यालय, वर्धा 442 001, महाराष्ट्र

www.vaniprakashan.com
marketing@vaniprakashan.in
sales@vaniprakashan.in

In Association with

ESTD.-1986

Ayodhya Shodh Sansthan

presents

AYODHYA : ITIHAS : SANSKRITI : VIRASAT
Edited by Dr. Lavkush Dwivedi

ISBN : 978-93-5518-118-3
Religion/Culture

प्रथम संस्करण 2022

मूल्य : ₹2500

इस पुस्तक का सामग्री संकलन, चित्रांकन श्री राज्यवर्धन सिंह, अयोध्या द्वारा किया गया है।

सिटी प्रेस, दिल्ली-110 095 में मुद्रित

वाणी प्रकाशन का लोगो मक़बूल फ़िदा हुसेन की कूची से

‘‘अष्टचक्रा नवद्वारा देवानां पूरयोध्या...’’

अयोध्या का सांस्कृतिक वैभव अत्यन्त समृद्ध है। ‘अष्टचक्रा नवद्वारा’ और ‘सप्तैता मोक्षदायिनी’ की आध्यात्मिक पृष्ठभूमि में अयोध्या नगरी पौराणिक काल से लेकर आज तक संस्कृति, सभ्यता एवं उच्च स्तरीय मानवीय मूल्यों की संवाहिका के रूप में विश्वविख्यात है। ‘अजुध्या’ अर्थात् ‘जिसे जीता न जा सके’ की आवृत्ति में इस नगरी को ‘जीत को सकई अजय रघुरायी’ की जन्म एवं लीलास्थली होने का एक ऐसा अभूतपूर्व गौरव प्राप्त है, जो इतिहास में शायद ही अन्य नगरों को प्राप्त हुआ हो। इस नगरी की प्रतिष्ठा यदि एक ओर विष्णु के मस्तक के रूप में बहुश्रुत है तो दूसरी ओर भारत की प्राचीन सप्तपुरियों में से एक के रूप में यह समादृत है।

यह नगर सिर्फ़ धार्मिक अनुष्ठानों, व्रतों, उपवासों, पंचकोशी, चौदह कोशी और चौरासी कोशी परिक्रमाओं की लोक आस्था का ही केन्द्र नहीं है अपितु मर्यादा और उदात्त चरित्र के ध्वजवाहक प्रभु श्रीराम की लीलास्थली के रूप में यह नगरी महान सन्तों, विचारकों, वैरागियों और अद्वितीय साधकों की भी कर्मस्थली रही है। शायद इसीलिए गोस्वामी तुलसीदास जी ने मर्यादा और समन्वय की गहन प्रतिष्ठा के लिए इस नगरी को अपने प्रणयन का केन्द्र बनाया। सर्वधर्म समभाव के उत्कृष्ट गुणों से युक्त इस नगर ने जैन, बौद्ध, सिख एवं अन्य धर्मों के ऐतिहासिक प्रतीकों को भी स्वयं के आँचल में पुष्पित एवं पल्लवित होने का अवसर प्रदान किया है। यहाँ के अनेक कुण्ड, मठ, मन्दिर एवं अन्य ऐतिहासिक प्रतीकों ने प्रत्येक कालखण्ड में जिज्ञासुओं एवं श्रद्धालुओं को अपनी ओर आकर्षित किया है। पूरे नगर एवं उसकी परिधि में एडवर्ड तीर्थ विवेचनी सभा द्वारा स्थापित शिलालेखयुक्त स्तम्भ भी इसके गौरवमयी इतिहास में एक और अध्याय का सृजन करते हैं।

अयोध्या नगर की उपर्युक्त ऐतिहासिक, आध्यात्मिक एवं सांस्कृतिक पृष्ठभूमि में इस सामग्री को अत्यन्त परिश्रम के साथ युवा अध्येता श्री राज्यवर्धन सिंह ने सर्वेक्षण कर संकलित किया है जिसे संस्थान ने प्रकाशित करने का निर्णय लिया है।

आशा है, ‘अयोध्या : इतिहास : संस्कृति : विरासत’ के रूप में प्रकाशित यह पुस्तक अयोध्या के अतीत एवं वर्तमान के मध्य एक कड़ी के रूप में प्रतिस्थापित हो सकेगी।

डॉ. लवकुश द्विवेदी
निदेशक, अयोध्या शोध संस्थान

अनुक्रम

खण्ड एक

अयोध्या

खण्ड दो

संस्थान : एक परिचय

खण्ड तीन

अयोध्या तीर्थ विवेचनी सभा

खण्ड चार

परिशिष्ट

खण्ड एक

अयोध्या

अयोध्या : सामान्य परिचय

अयोध्या

अयोध्या मात्र एक नगर नहीं है। अयोध्या भूत, वर्तमान एवं भविष्य, सभी कालों में, इस धरा पर धर्म, अर्थ और राजनीति का केन्द्र है। अयोध्या जीवन है, सभ्यता है, संस्कृति है। अयोध्या हमारे दैनिक जीवन के मूल में है और इस अयोध्या को महान और सर्वश्रेष्ठ बनाते हैं प्रभु श्रीराम, जिन्होंने सरयू तट पर बसी इस अलौकिक नगरी अयोध्या में माता कौशल्या के गर्भ से जन्म लिया और तभी से यह अयोध्या, अयोध्या से अयोध्यापुरी हो गयी। पवित्र अयोध्या भूमि ने अनेक महान राजाओं को जन्म दिया है जिनमें महाराज भगीरथ हुए जिनके तप, त्याग, प्रण से माँ गंगा पृथ्वी लोक पर आयीं, सत्यवादी महाराज हरिश्चन्द्र हुए जिनके सत्य के आगे देव भी हार गये। अयोध्या जैन धर्म के पाँच तीर्थंकरों की जन्मस्थली भी है जिसमें प्रथम तीर्थंकर भगवान ऋषभदेव जी भी हैं। ऐसे अनेक महान राजाओं-महाराजाओं एवं तपस्वियों की भूमि है अयोध्या। इसी अयोध्या में महात्मा बुद्ध ने 16 वर्ष बिताये। यह अयोध्या अनेक धर्मों के सृजन की भी भूमि है।

नामकरण

अयोध्या के नामकरण के सम्बन्ध में एक पौराणिक कथा है। कहा जाता है कि मनु ने अयोध्या नगरी को बसाकर उसका राज्य अपने ज्येष्ठ पुत्र इक्ष्वाकु को दे दिया। इक्ष्वाकु के बाद उनके पुत्र विकुक्षि अयोध्या के राजा हुए। विकुक्षि का एक दूसरा नाम 'अयोध' भी था और कुछ विद्वानों के अनुसार इस नगरी का नाम इन्हीं राजा के नाम के कारण पड़ा।

अयोध्या के नामकरण की एक अन्य कथा है। अयोध्या, जिसे अवध, साकेत और विनीता भी कहते हैं, अत्यन्त प्राचीन नगर है। इसे विभिन्न ऐतिहासिक कालों में भिन्न-भिन्न नामों से अभिहित किया जाता रहा है। प्राचीन काल से लेकर महाकाव्य काल तक अयोध्या बृहद् कोसल राज्य की राजधानी रही है। अपेक्षाकृत पूर्व में स्थित होने के कारण कोसल का राज्य उन बाहरी आक्रमणकारियों से बचा रहा, जो पश्चिम राज्यों पर प्रायः होते थे। बाहरी आक्रमणकारियों को कोसल की ओर बढ़ने का साहस नहीं हुआ। सम्भव है कि इसी कारण से इस राजधानी का नाम अयोध्या अर्थात् अजेय या अवध पड़ा। स्कन्द पुराण में अयोध्या शब्द के माहात्म्य का वर्णन अधोलिखित है–

अकरो ब्रह्म च प्रोक्तं यकरो विष्णुरुच्यते।
धकारो रुद्ररूपश्च अयोध्यानाम राजते।।

अर्थात् 'अयोध्या' में 'अ' कार ब्रह्मा, 'य' कार विष्णु तथा 'ध' कार रुद्र का स्वरूप है। अतएव अयोध्या त्रिदेवों—ब्रह्मा, विष्णु, महेश का समन्वित रूप है। शिवसंहिता में अयोध्या के अनेक नाम बताये गये हैं—नन्दिनी, सत्या, साकेत, कोसला, राजधानी, ब्रह्मपुरी और अपराजिता। सरयू के तट पर बसी अयोध्या को पुराणों में अष्टदल कमल के आकार की कहा गया है।

पुराणों में भी अयोध्या के नाम का उल्लेख मिलता है। पुराणों में सप्तपुरियों में अयोध्या का नाम सर्वप्रथम लिया जाता है, इससे अनुमान लगाया जाता है कि यह सप्तपुरियों में श्रेष्ठ है।

अयोध्या मथुरा माया काशी कांची अवंतिका।
पुरी द्वारावती चैव सप्तैता मोक्षदायिकाः।।

अयोध्या वंशावली

इक्ष्वाकु वंश के गुरु वशिष्ठ जी थे जिन्होंने प्रभु श्री राम की वंशावली का वर्णन इस प्रकार किया है—

ब्रह्मा जी के दस मानस पुत्रों में से एक मरीचि हुए। मरीचि के पुत्र कश्यप जी थे। कश्यप के पुत्र विवस्वान हुए, विवस्वान के वैवस्वत मनु हुए और वैवस्वत मनु के दस पुत्र थे— 1. इल, 2. इक्ष्वाकु, 3. कुशनाम, 4. अरिष्ट, 5. धृष्ट, 6. नरिष्यन्त, 7. करुष, 8. महाबली, 9. शर्याति और 10. पृषध। राजा इक्ष्वाकु के कुल में जैन और हिन्दू धर्म के महान् तीर्थंकर, भगवान, चक्रवर्ती राजाओं, साधु महात्मा और सृजनकारों का जन्म हुआ है।

इन्हीं में राजा इक्ष्वाकु ने अयोध्या को बसाया और उसे अपनी राजधानी बनायी एवं यहीं से इक्ष्वाकु वंश प्रारम्भ हुआ।

इक्ष्वाकु के पुत्र कुक्षि थे।
कुक्षि के पुत्र का नाम विकुक्षि था।
विकुक्षि के पुत्र बाण
बाण के पुत्र अनरण्य हुए।
अनरण्य से पृथु
पृथु से त्रिशंकु का जन्म हुआ था
त्रिशंकु के पुत्र धुन्धुमार
धुन्धुमार के पुत्र युवनाश्व हुए
युवनाश्व के पुत्र मान्धाता हुए और
मान्धाता से सुसन्धि का जन्म हुआ।
सुसन्धि के दो पुत्र हुए—ध्रुवसन्धि एवं प्रसेनजित।
ध्रुवसन्धि के पुत्र भरत हुए।
भरत के पुत्र असित हुए और
असित के पुत्र सगर हुए।

सगर के पुत्र का नाम असमंज था।
असमंज के पुत्र अंशुमान
अंशुमान के पुत्र दिलीप हुए।
दिलीप के पुत्र भगीरथ हुए

पौराणिक मान्यताओं के अनुसार महाराज भगीरथ अपने पूर्वजों के मुक्ति हेतु कठोर तपस्या ने एवं भगवान शिव की कृपा से गंगा को पृथ्वी पर ले कर आये। इसी कारण गंगा को भागीरथी भी कहा जाता है।

भगीरथ के पुत्र ककुत्स्थ
ककुत्स्थ के पुत्र रघु हुए।

महाराज रघु बहुत पराक्रमी और तेजस्वी राजा थे और उनका प्रताप अत्यधिक था जिससे देवताओं ने प्रसन्न होकर उन्हें इस वंश को अपना नाम जोड़कर आगे बढ़ाने की अनुमति प्रदान की, जिसकी वजह से इस वंश का नाम रघुवंश (रघुकुल) पड़ा।

रघु के पुत्र प्रवृद्ध हुए
प्रवृद्ध के पुत्र शंखण
शंखण के पुत्र सुदर्शन हुए।
सुदर्शन के पुत्र अग्निवर्ण
अग्निवर्ण के पुत्र शीघ्रग
शीघ्रग के पुत्र मरु
मरु के पुत्र प्रशुश्रुक
प्रशुश्रुक के पुत्र का नाम अम्बरीश।
अम्बरीश के पुत्र का नाम नहुष
नहुष के पुत्र ययाति
ययाति के पुत्र नाभाग
नाभाग के पुत्र का नाम अज
अज के पुत्र दशरथ
राजा दशरथ के चार पुत्र हुए श्री रामचन्द्र, भरत, लक्ष्मण तथा शत्रुघ्न।
श्री रामचन्द्र के दो पुत्र लव और कुश हुए।

भौगोलिक परिचय

अयोध्या नगर सरयू के दाहिनी किनारे पर 26° 48' उत्तरी अक्षांश एवं 82° 31' पूर्वी देशान्तर में अयोध्या जनपद में स्थित है। यह नगर भारतीय रेल के उत्तर रेलवे के लखनऊ-मुगलसराय लाइन पर स्थित है। इस नगर के उत्तर ओर बहने वाली सरयू नदी पर सड़क और रेल के पुल निर्मित हो जाने से अयोध्या गोण्डा, बस्ती, गोरखपुर आदि शहरों से रेल एवं सड़क मार्ग से सीधे जुड़ गया है। अयोध्या के पूर्वी ओर से राष्ट्रीय राजमार्ग 28 लगभग नगर के मध्य से निकलता है। अयोध्या लगभग सभी दिशाओं से राजमार्ग या राष्ट्रीय राजमार्गों से सीधे जुड़ी हुई है।

धार्मिक एवं पौराणिक महत्त्व

1. प्रसिद्ध आस्था स्थल

हिन्दू

1. कालेराम मन्दिर

रामनगरी अयोध्या सप्तपुरियों में श्रेष्ठ मानी जाती है। भगवान श्रीराम की जन्मस्थली होने के कारण सम्पूर्ण विश्व में यह नगरी आस्था एवं श्रद्धा का केन्द्र है। यही नहीं, अयोध्या विभिन्न धर्मों से अनुप्राणित है। यहाँ हिन्दू धर्म, बौद्ध धर्म, जैन धर्म एवं मुस्लिम धर्म का समावेश नज़र आता है। दक्षिण भारतीय एवं महाराष्ट्रियन परम्परा के भी मन्दिर रामनगरी में

विद्यमान हैं जिनकी अपनी अलग महत्ता है। महाराष्ट्रियन परम्परा का ऐसा ही एक मन्दिर नागेश्वरनाथ मन्दिर, नयाघाट के निकट स्थित है जिसे कालेराम भगवान मन्दिर के नाम से जाना जाता है। यह मन्दिर रामनगरी के सिद्धस्थानों में शुमार है। मन्दिर के व्यवस्थापक यशवन्त दिगम्बर देश पाण्डेय जी मन्दिर की महत्ता बताते हुए कहते हैं कि मन्दिरों की नगरी श्री अयोध्या वर्तमान स्वरूप में हम जिसका दर्शन करते हैं, वह आज से 2058 वर्ष पूर्व महाराजा वीर विक्रमादित्य ने 5 फूल मन्दिरों की स्थापना कर बसाई है जिसमें 84 कसौटी के स्तम्भों पर निर्मित 7 कलशों वाला श्रीरामजन्मभूमि मन्दिर प्रथम मन्दिर था।

दुर्भाग्यवश सन् 1528 ई. में मुग़लकाल में बाबर बादशाही के समय उस मन्दिर को ध्वस्त कर दिया। उस समय अपने प्राणप्रिय प्रभु को मुग़लों की कुदृष्टि से बचाने हेतु श्रीरामपंचायतन विग्रह को श्री सरयू की धारा में प्रवाहित कर दिया। इसलिए श्रीरामपंचायतन सुरक्षित रहा। कालान्तर में अयोध्या के राजा दर्शन सिंह के समय में

सन् 1748 में यही रामपंचायतन दक्षिण भारत के महाराष्ट्रियन ब्राह्मण योगी पं. श्रीनरसिंह राव मोघे को दृष्टान्त द्वारा प्राप्त हुआ। श्री पाण्डेय जी बताते हैं कि उपरोक्त स्वप्न आदेश के अनुसार श्रीराम जन्मभूमि के पंचायतन विग्रह की प्राप्ति ब्राह्मण योगी को सहस्र धारा लक्ष्मणघाट पर स्नान करते समय सरयू नदी में हुई जिसकी उन्होंने सुप्रसिद्ध नागेश्वरनाथ के सान्निध्य में स्थापना की, जो आज श्री कालेराम मन्दिर ट्रस्ट के नाम से प्रसिद्ध है एवं धर्मप्राण हिन्दू जनता का नित्य दर्शनीय आस्था एवं श्रद्धा का केन्द्र है।

व्यवस्थापक जी के अनुसार यह मन्दिर श्री अयोध्या के सिद्धस्थानों में प्रसिद्ध है। हज़ारों रामभक्त नित्य दर्शन एवं उपासना कर अपनी मनौतियों को पूर्ण करते हैं। इस मन्दिर की विशेषता यह है कि यहाँ सम्पूर्ण श्रीरामपंचायतन एक ही शालिग्राम शिला में है, जो अन्यत्र दुर्लभ है। मध्य में राम जी, उनके वामांग में किशोरी जी, उनके वामांग में भरतलाल जी, राम जी के दक्षिण लक्ष्मण जी, उनके दक्षिण शत्रुघ्नलाल जी, श्रीरामपंचायतन राज्याभिषेक का दर्शन है। लखनलाल जी के हाथ में छत्र का दण्ड है, शत्रुघ्नलाल जी के हाथ में चँवर एवं भरतलाल जी के हाथ में पंखा, श्री चरणों में सेवाभाव में दक्षिणमुखी श्री हनुमान जी महाराज विराजमान हैं। खुले विग्रह का दर्शन वर्ष में दो दिन ही होता है—संवत्सर के प्रथम दिन एवं रामनवमी के दिन। वर्ष भर मन्दिर में विभिन्न कार्यक्रम आयोजित होते रहते हैं।

2. सिद्धपीठ सियाराम क़िला (झुनकी घाट)

मान्यताओं के अनुसार भगवान श्री सीताराम जी का दिव्य महल माता सरयू के तट पर अवस्थित था, जहाँ पर प्रभु श्री सीताराम ने अलौकिक लीलाएँ कीं, समय चक्र में वह महल क्षतिग्रस्त होकर टीले के रूप में परिणत हो गया। उसी दिव्य स्थल पर श्री जानकी शरण जी महाराज (झुनकी बाबा) ने दिव्य सिद्धपीठ सियाराम क़िला आश्रम का भव्य निर्माण कराया। इस आश्रम का निर्माण सन् 1915 में सम्पन्न हुआ।

आज के समय में इस स्थान को सभी झुनकी घाट के नाम से जानते हैं। श्री जानकी शरण जी महाराज, जिन्हें हम झुनकी बाबा के नाम से भी जानते हैं, इनका जन्म बिहार राज्य के नवादा ज़िले के कैशोरी नामक गाँव में सन् 1885 में हुआ। था। इनके पिता का नाम दुबरी शर्मा था जो कि एक भूमिहार ब्राह्मण थे। महाराज जी बचपन से ही धार्मिक प्रवृत्ति के थे। साधु सन्तों में इनकी गहरी रुचि रहती थी जिसके कारण पूरे परिवार को डर रहता था कि कहीं यह साधुओं के संगत में साधु न बन जायें। इसी कारण जल्द ही इनका विवाह करा दिया गया, परन्तु ये कहाँ मानने वाले थे। गुरु जी घर छोड़ कर अयोध्या जी भाग आये। कई वर्षों के घोर तप के बाद महाराज जी ने गाँव-गाँव घर-घर जाकर लोगों को शिक्षित भी किया। गुरु जी उस काल में योगविद्या में निपुण थे। उनके द्वारा प्रशिक्षित शिष्यों ने योगदर्शन की अनेक पुस्तकें लिखीं। उनमें से एक है **श्री वैष्णव हठयोग दर्शन।** पुस्तक में सभी योगों के विषय में सचित्र वर्णन किया गया है। पुनः महाराज जी जब अयोध्या आये तो उन्हें मिथिलाशरण जी महाराज का सहयोग मिला। इनके सहयोग एवं पूज्य महाराज जी के तप बल से सरयू तट पर सियाराम क़िला का निर्माण हुआ। उसी काल में स्थानीय सन्तों को सरयू स्नान में कष्ट न हो उसके लिए यहाँ पक्के घाट का निर्माण भी कराया। आप सभी को जानकर आश्चर्य होगा कि झुनकी घाट अयोध्या जी का पहला पक्का घाट है। सम्पूर्ण अयोध्या में इतना दिव्य और जाग्रत स्थान आपको कोई और नहीं मिलेगा। इस स्थान के दर्शन मात्र से आप ऊर्जा से भर जायेंगे। वर्तमान समय में यहाँ के पीठाधीश्वर श्री करुणानिधान शरण जी महाराज हैं जिनकी देखरेख में आश्रम की सभी सेवाओं का संचालन किया जा रहा है। आश्रम द्वारा नियमित रूप से गौ सेवा, सन्त सेवा, विद्यार्थी सेवा, चिकित्सक सेवा आदि सेवाओं का संचालन किया जाता है।

3. नेपाली मन्दिर

नेपाली मन्दिर अयोध्या के मध्य स्थित विभीषण कुण्ड के उत्तर दिशा में स्थापित है। यहाँ भगवान कूर्म नारायण जी की पूजा होती है। भगवान कूर्म नारायण यहाँ विशाल शालिग्राम के रूप में विराजमान हैं। इस मन्दिर का निर्माण नेपाल राजपरिवार के तत्कालीन प्रधानमन्त्री श्री जंग बहादुर राणा की बहू राजकुमारी देवी ने कराया था। मन्दिर निर्माण के विषय में कहा जाता है कि एक बार नेपाल के मुक्तिनाथ धाम से निकलने वाली काली गण्डक नदी से कुछ लोगों को 15 इंच डायमीटर के विशाल शालिग्राम जी प्राप्त हुए। (नेपाल सहित पूरे विश्व में हिन्दू धर्म में शालिग्राम पत्थर का बड़ा महत्त्व है। हिन्दू धर्म में शालिग्राम को भगवान विष्णु के रूप में पूजा जाता है और यह पत्थर पूरे विश्व में सिर्फ़ नेपाल में बहने वाली काली गण्डक नदी में ही प्राप्त होता है) हिन्दू धर्म में महत्त्व होने के कारण धनवान लोग इतने बड़े शालिग्राम का अच्छा मूल्य देंगे यह सोच कर वे लोग उस शालिग्राम को नेपाल राजपरिवार

में ले गये और उन्हें अच्छे मूल्य पर दे दिया। उसके बाद राजपरिवार के पुरोहितों को इस विषय की जानकारी हुई तो उन्होंने राजपरिवार को बताया कि घर में विशाल मूर्तियों की पूजा का विधान नहीं है इसलिए इस शालिग्राम को वापस भेज दीजिए। जब इसकी जानकारी राजकुमारी देवी जी को हुई तब उनको बड़ा दुःख हुआ। पुरोहितों के कहने पर शालिग्राम जी को वापस भेजने के लिए कुछ लोगों को बुलाया गया मगर वह शालिग्राम अपने स्थान से टस-से-मस न हुआ। यह देख राजकुमारी देवी जी ने उस शालिग्राम को अपने पास रखने और पूजा करने की इच्छा ज़ाहिर की तो राजपरिवार ने उन्हें अनुमति दे दी। उसी रात राजकुमारी देवी को स्वप्न में भगवान

शालिग्राम ने भारत के अयोध्या स्थित पुण्य धाम में मन्दिर निर्माण करवाकर इस शालिग्राम को वहाँ स्थापित करने की आज्ञा दी। ऐसी वंशानुगत जानकारी प्राप्त होती है कि कुछ समय पश्चात् राजकुमारी देवी अयोध्या पहुँचीं और यहाँ विभीषण कुण्ड के समीप पण्डित मोदनाथ शर्मा के प्रबन्धन में सन् 1895 में मन्दिर निर्माण प्रारम्भ किया और सन् 1900 में भगवान कूर्म नारायण यहाँ शालिग्राम रूप में विराजमान हुए। वर्तमान में इस मन्दिर के आवासीय परिसर में 35 कमरे हैं जहाँ विद्यार्थी व तीर्थयात्री रहते हैं। मन्दिर परिसर में एक गौशाला भी है। नेपाली मन्दिर को मन्दिर के संचालन हेतु नेपाल के गुठी संस्थान द्वारा 60,000 रुपये प्रतिवर्ष की सहायता दी जाती है। वर्तमान महन्त, स्वामी हरि प्रपन्नाचार्य जी हैं।

नियमित समय सारणी—प्रातः 6 बजे दुग्धाभिषेक, 7 बजे आरती तत्पश्चात् भगवान को फल और चने का भोग लगाया जाता है और भक्तों के दर्शन हेतु कपाट खोल दिये जाते हैं। पुनः 11 बजे भगवान को राज भोग दिया जाता है। राज भोग के पश्चात् कपाट बन्द हो जाता है और पुनः 4 बजे सायंकाल खुलता है। सन्ध्या आरती यहाँ 7 बजे होती है।

4. कागभुशुण्डि मन्दिर

अयोध्या में रत्न सिंहासन मन्दिर से 50 मीटर आगे जाने पर कागभुशुण्डि जी का प्राचीन मन्दिर है। यहाँ के महन्त राम सुन्दर आचार्य जी बताते हैं कि यह अयोध्या में कागभुशुण्डि जी का अकेला मन्दिर है। यहाँ गर्भगृह में रामदरबार के साथ कौवे के रूप में कागभुशुण्डि जी की भी पूजा की जाती है।

प्राचीन मान्यताओं के अनुसार सर्वप्रथम श्रीराम जी की कथा भगवान श्री शंकर ने माता पार्वती जी को सुनाई थी। उस कथा को एक कौवे ने भी सुन लिया। उसी कौवे का पुनर्जन्म कागभुशुण्डि के रूप में हुआ। कागभुशुण्डि को पूर्व जन्म में भगवान शंकर के मुख से सुनी वह रामकथा पूरी की पूरी याद थी। उन्होंने यह कथा अपने शिष्यों को सुनाई। इस प्रकार रामकथा का प्रचार-प्रसार हुआ। भगवान शंकर के मुख से निकली श्रीराम की यह पवित्र कथा 'अध्यात्म रामायण' के नाम से विख्यात है।

कागभुशुण्डि जी लोमश ऋषि के श्राप के कारण कौवा बन गये थे। लोमश ऋषि ने श्राप से मुक्त होने के लिए उन्हें राम मन्त्र और इच्छा मृत्यु का वरदान दिया। कागभुशुण्डि जी का लगभग सारा जीवन कौवे के रूप में बीता। मान्यताओं के अनुसार वाल्मीकि जी से पहले ही कागभुशुण्डि ने सम्पूर्ण रामकथा गिद्धराज गरुड़ को सुना दी थी।

लंका युद्ध में जब मेघनाद ने प्रभु श्रीराम से युद्ध करते हुए श्रीराम को नागपाश से बाँध दिया था, तब देवर्षि नारद के कहने पर गिद्धराज गरुड़ ने नागपाश के समस्त नागों को खाकर श्रीराम को नागपाश के बन्धन से मुक्त कर दिया था। भगवान राम के इस तरह नागपाश में बँध जाने पर प्रभु श्रीराम के भगवान होने पर गरुड़ देव को सन्देह हो गया। गरुड़ जी का सन्देह दूर करने के लिए देवर्षि नारद उन्हें ब्रह्माजी के पास भेज देते हैं। ब्रह्मा जी उनको शंकरजी के पास भेज देते हैं। भगवान शंकर ने भी गरुड़ को उनका सन्देह मिटाने के लिए कागभुशुण्डि जी के पास भेज दिया। अन्त में कागभुशुण्डिजी ने राम के चरित्र की पवित्र कथा सुनाकर गरुड़ जी के सन्देह को दूर किया।

मुस्लिम

1. हजरत शीश पैगम्बर की दरगाह–मणिपर्वत

अयोध्या के ऐतिहासिक स्थल मणिपर्वत के पीछे आदम हौवा के बेटे हजरत शीश पैगम्बर की क़ब्र है। मान्यताओं के अनुसार हजरत शीश पैगम्बर इस पृथ्वी पर 1300 वर्षों तक जीवित रहे और उनका स्वरूप 70 गज़ का था, वर्तमान में इस स्थान पर इनकी 7 गज़ की क़ब्र है। आपके 145 औलादें हुईं। उनके पूरे परिवार के सेवकों की क़ब्रें उसी स्थान पर बनी हुई हैं। थोड़ी दूर तक चारदीवारी बना दी गयी है जिसके अन्दर उनकी पत्नी बीबी हूर, चार लड़के और एक बहू की क़ब्र है, अन्य कब्रें इस चारदीवारी के बाहर हैं। इस परिसर में एक मस्जिद भी स्थित है। इस स्थान पर सभी जातियों के लोग अपने पूर्वज आदम हौवा के बेटे के स्थान को देखने आते हैं और उनके प्रति श्रद्धा सुमन अर्पित करते हैं। इस स्थान की देखभाल व पैगम्बर साहब की तीमारदारी मो. कलीम द्वारा की जाती है। इस स्थान पर शब-बरात, जन्मदिन, रजब की चार तारीख़ व मुहर्रम का ताज़िया विशेष पर्व व उत्सव मनाये जाते हैं। इस स्थान पर लगे एक पत्थर से फ़ैज़ाबाद के प्राचीन नाम की जानकारी प्राप्त होती है। फ़ैज़ाबाद का प्राचीन नाम ज्योलत शरीफ था। यह शेरशाह सूरी के पुत्र आदिलशाह ने रखा था। सिकन्दर लोदी ने बाद में अवध नाम रखा उसके उपरान्त बंगला और फिर बंगला बस्ती उसके उपरान्त फ़ैज़ाबाद कहा जाने लगा।

2. हजरत बड़ी बुआ साहिबा की दरगाह–बेनीगंज

रहमतउल्ला अलैहा बीबी हजरत बड़ी बुआ की मज़ार अयोध्या के पंच कोसी परिक्रमा मार्ग पर स्थित है। गज़ेटियर ऑफ़ द प्रॉविंस ऑफ़ अवध, वॉल्यूम-1, फ़र्स्ट एडिशनः 1877, 1985, के पृष्ठ संख्या 486 पर इनके बारे में उल्लेख मिलता है कि 'एक सन्त स्वभाव की स्त्री फ़क़ीर के रूप में बड़ी बुआ की इस क्षेत्र में बड़ी प्रसिद्धि रही है। ये रफी-उद-दरजत शमसुद्दीन के समय की मानी जाती हैं।

3. शुजाउद्दौला का मक़बरा

अवध के तीसरे नवाब थे शुजाउद्दौला। जिनका मक़बरा अयोध्या के रीडगंज मोहल्ले में निर्मित है। आज यह मक़बरा गुलाबबाड़ी के नाम से प्रसिद्ध है। इस मक़बरे का निर्माण शुजाउद्दौला ने कराया था। 1775 ई. में नवाब शुजाउद्दौला की मृत्यु के बाद उन्हें यहीं दफ़नाया गया। शुजाउद्दौला अवध के पहले ऐसे नवाब थे, जिन्हें यहाँ दफ़नाया गया। इससे पहले इनके पूर्वजों को दिल्ली से जाकर ही दफ़नाया गया था।

इस मक़बरे का समुचित निर्माण 1789 ई. में शुरू हुआ, जब हसन रज़ा ख़ाँ ने तत्कालीन नवाब आसिफ़उद्दौला से इस मक़बरे के विस्तार और भव्य निर्माण का प्रस्ताव रखा। इस निर्माण की अनुमति मिलने के बाद इसके लिए हसन रज़ा ख़ाँ ने हेमराज ब्राह्मण और उनके बेटे भवानी प्रसाद को अधीक्षक के तौर पर इस मक़बरे को बनाने के लिए नियुक्त किया और उन्हें ख़र्च करने के लिए 7 हज़ार सोने की मोहरें दी गयीं। जिस समय गुलाबबाड़ी का यह मक़बरा बनना शुरू हुआ था, उससे पहले शुजाउद्दौला की क़ब्र बहुत छोटे स्वरूप में यहाँ स्थापित थी। नवाब आसिफ़उद्दौला ने उस ज़माने में लगभग 7 लाख रुपये हसन रज़ा ख़ाँ को दिये थे, जिससे वर्तमान में मौजूद गुलाबबाड़ी का भव्य परिसर आकार ले सका। इसमें वह सात हज़ार सोने की मोहरें अलग से शामिल थीं। इस परिसर में स्थित उद्यान का निर्माण नवाब सफ़दरजंग ने करवाया। उन्होंने अपनी पसन्द के विभिन्न प्रकार के गुलाब के फूलों से इसे सजाया इसी कारण यहाँ का नाम गुलाबबाड़ी पड़ा।

4. बहू-बेगम का मक़बरा

फ़ैज़ाबाद गज़ेटियर (एच. आर. नेविल, संस्करण : 1905) से प्राप्त जानकारी के अनुसार बहू-बेगम (अम्मत उज जहरा) की मृत्यु सन् 1816 में हुई थी। उनकी मृत्यु के बाद इस मक़बरे का निर्माण उनके ख़ास दरबारी दराब अली ख़ाँ द्वारा सन् 1818 में प्रारम्भ करवाया गया। निर्माण कार्य के प्रारम्भ होते ही कुछ दिनों में दराब अली की भी मृत्यु हो गयी। उसके बाद इस मक़बरे का बाक़ी निर्माण बहू-बेगम के वकील पनाह अली तथा उनकी गोद ली हुई बेटी के पुत्र मिर्ज़ा हैदर द्वारा पूरा करवाया गया। लोक मान्यताओं के अनुसार बहू-बेगम की मृत्यु के उपरान्त उन्हें यहीं पर सुपुर्द-ए-ख़ाक किया गया था और उन्होंने अपनी मृत्यु से पहले ही अपने मक़बरे के निर्माण हेतु तीन लाख रुपये की धनराशि रख दी थी। स्थापत्य कला की दृष्टि से बहू-बेगम का मक़बरा ईरानी चारबाग़ शैली में बनाया गया है। यह मक़बरा तीन मंज़िला है और चौथी मंज़िल पर मक़बरे का विशाल गुम्बद है। पूरे मक़बरे का बारीक़ी से अवलोकन करने पर आप पायेंगे कि इस मक़बरे में जगह-जगह फूल-पत्तियों, बेल-बूटों एवं अनेक छोटे-छोटे मेहराब, झरोखे आदि को बहुत कलात्मक ढंग से बनाया गया है जो इस मक़बरे की भव्यता को और बढ़ाते हैं।

बहूबेगम का मकबरा, फैजाबाद
उम्मतुल जोहरा, जो कि बहूबेगम के नाम से प्रसिद्ध थी, नवाब शुजा–उद–दौला की पत्नी थी। इनके मकबरे के निर्माण का कार्य दाराब अली खान (1815 ई०) और उनके वकील पनाह अली ने आरम्भ किया तथा इसे मिर्जा हैदर ने पूरा करवाया। परकोटे से घिरे परिसर के केन्द्र में स्थित मकबरे का निर्माण लखौरी ईंटों से किया गया जिसपर चूने पलस्तर से किया गया। मकबरे तक पहुँचने के लिए भव्य प्रवेशद्वार निर्मित है इसकी बाह्य भाग की दीवारों पर मेहराबदार प्रकोष्ठ निर्मित हैं। तीन प्रवेशद्वारों से होकर यहाँ तक पहुँचा जा सकता है। लघु प्रकोष्ठों की श्रृंखला के ऊपर यह वर्गाकार वास्तुसंरचना अवस्थित है। इस कक्ष के केन्द्र में कब्र स्थित है जहाँ गलियारे द्वारा पहुँचा जा सकता है, जबकि केन्द्रीय कक्ष में शाह–न–शीन पर अनेक धार्मिक चिन्ह सुसज्जित हैं। इसके चारों ओर आयताकार बरामदा है जिसके चारों कोनों पर चार तलीय मीनारें स्थित हैं। मीनारों के ऊपर लम्बवत् उत्कीर्णित धारियों से सज्जित गुम्बद एवं उसके ऊपर औंधा हुआ पद्मकोश सुसज्जित है। गुम्बद के नीचे तली में पंखुडियों जैसी आकृतियों से अलंकरण किया गया है। मकबरे की आन्तरिक छत एवं दीवारें स्टूको से उभारी गई एवं चमकदार रंगों से सज्जित सुन्दर आकृतियों से अलंकृत है।
TOMB OF BAHU BEGUM
(FAIZABAD)
The construction of the tomb of the Ummatul Zohra, popularly known as Bahu Begum (wife of Nawab Shuja-ud-daula), was started by Darab Ali Khan (A.D. 1815) and her advocate Panah Ali and completed by Mirza Haider. The tomb proper stands in the centre within an enclosure wall made of lime plastered lakhauri bricks. It is approached through a lofty gateway, while the outer complex is further enclosed by arched cells all along the walls and can be approached through a triple gateway. The square structure is raised over a series of cells. The grave proper in the centre of this complex is reached by a passage, while the main hall comprises Shah-n-Sheen with ritual objects and the cenotaph. The main hall has rectangular verandah on the sides flanked by four-storeyed minarets with fluted domes on the corners. The fluted dome of the tomb is decorated by inverted lotus along with petal designs on the bottom of the neck. The walls and ceilings of tomb are adorned with beautiful stucco designs painted in bright colours.

5. बनी ख़ानम का मक़बरा

अयोध्या के महत्त्वपूर्ण मक़बरों में से मक़बरा बनी ख़ानम भी एक है। यह मक़बरा गुदड़ी बाज़ार चौराहे से कैंट की ओर जाने वाले मार्ग पर आकाशवाणी अयोध्या के ठीक पीछे बेगमगंज गढ़ैया मोहल्ले में स्थित है। वर्तमान समय में यह मक़बरा भारत सरकार के पुरातत्व सर्वेक्षण विभाग के अन्तर्गत राष्ट्रीय संरक्षित स्मारकों में आता है। यह मकबरा बहू-बेगम के भाई नज़्मुद्दौला की पत्नी का है। इस मक़बरे का निर्माण बनी ख़ानम के ख़ास दरबारी एवं विश्वासपात्र अल्मास अली ख़ाँ द्वारा करवाया गया जिसका लिखित प्रमाण 'गज़ेटियर ऑफ़ द प्रॉविंस ऑफ़ अवध' (वॉल्यूम-1, फ़र्स्ट एडिशनः 1877, रिप्रिंट इन इंडिया : 1985) में मिलता है।

इस मक़बरे की वास्तुकला नगर के मध्य में बने शुजाउद्दौला के मक़बरे की तरह ही है। मक़बरे के मध्य भाग में बनी ख़ानम की मज़ार है। मज़ार के ऊपर संगमरमर की ताबूत के समान संरचना है जिस पर फ़ारसी भाषा में कुछ लिखा भी हुआ है। मक़बरे के बाहर खुले मैदान में एक और मज़ार है जिसे लोग इस मक़बरे को बनवाने वाले बनी ख़ानम के दरबारी अल्मास अली की बताते हैं।

सिख

1. गुरुद्वारा ब्रह्मकुण्ड साहब जी (ब्रह्मकुण्ड अयोध्या जी)

अयोध्या के ऐतिहासिक ब्रह्मकुण्ड गुरुद्वारे की खोज सन् 1785 में गुरुद्वारे के प्रथम सेवादार श्री महन्त बाबा गुलाबी सिंह जी ने की थी। उसके बाद से उन्होंने यहाँ अपनी सेवा देनी शुरू की। उनके बाद यहाँ के दूसरे सेवादार श्री महन्त बाबा शत्रुजीत सिंह जी ने सन् 1846 में इस स्थान पर एक कच्ची-पक्की इमारत बनाकर इस स्थान को गुरुद्वारे का स्वरूप दिया। इन्हीं के द्वारा सन् 1919 में गुरुद्वारे को रजिस्टर्ड कराकर क़ानूनी मान्यता भी दी गयी। गुरुद्वारे से मिली जानकारियों के अनुसार ब्रह्मकुण्ड गुरुद्वारे पर सिख समुदाय के तीन गुरुओं के चरण पड़े। सर्वप्रथम संवत् 1557 विक्रमी **प्रथम गुरु श्री गुरुनानक देव जी** महाराज हरिद्वार से जगन्नाथपुरी की यात्रा पर जाते समय सरयू तट के इसी ब्रह्मकुण्ड घाट पर रुके थे। इसी घाट पर स्थित एक बेल के वृक्ष के नीचे बैठकर उन्होंने यहाँ के स्थानीय सन्तों, महन्तों के साथ सत्संग किया एवं उपदेश दिया। मान्यताओं के अनुसार वह प्राचीन बेल का वृक्ष आज भी गुरुद्वारे के प्रांगण में स्थित है। उसका चित्र नीचे साझा किया गया है एवं एक दुखभंजनी कुआँ भी है जहाँ गुरुनानक देव जी ने स्नान एवं दातुन किया था।

इसके बाद **नवम गुरु श्री गुरुतेग बहादुर जी** महाराज ने संवत् 1725 विक्रमी में असम प्रदेश से आनन्दपुर साहब (पंजाब) जाते समय उक्त स्थान श्री गुरुनानक देव जी के मंजी साहब पर मत्था

टेका और इसी के सामने बैठ कर 48 घण्टे अखण्ड तप किया और जाते समय उन्होंने एक स्थानीय ब्राह्मण सेवक को अपनी चरण पादुका चरण कमल की निशानी के रूप में प्रदान की, साथ ही सभी को वचन दिया कि कोई भी गुरुसिख खड़ाऊँ के दर्शन करके दुखभंजनी कुआँ पर स्नान करने से सभी प्रकार के रोगों से मुक्ति मिलेगी एवं निःसन्तान को सन्तान की प्राप्ति होगी। इसके बाद **दशम गुरु श्री गुरु गोविन्द सिंह जी** 6 साल की बाल अवस्था में अपनी माता गुजरी जी व मामा कृपाल चन्द्र जी के साथ पटना साहब से आनन्दपुर साहब जाते समय इस स्थान पर आकर श्री गुरुनानक देव जी एवं श्री गुरु तेग बहादुर जी के मंजी साहब पर माथा टेककर सरयू किनारे इसी घाट पर विराजे। यहीं पर बन्दरों के साथ क्रीड़ा किया एवं बन्दरों को चना खिलाया। यह परम्परा आज भी अनवरत चली आ रही है। आज भी इस पवित्र गुरुद्वारे में यहाँ पधारे सभी गुरु जी लोगों से जुड़ी हुई ऐतिहासिक वस्तुओं के दर्शन होते हैं। इस पवित्र स्थान पर गुरुद्वारे के अस्तित्व में आने के बाद से आज तक यहाँ 6 सेवादार हुए हैं।

प्रथम सेवादार

श्री महन्त बाबा गुलाबी सिंह जी *(सन् 1785 से 1850 तक)*

द्वितीय सेवादार

श्री महन्त बाबा शत्रुजीत सिंह जी *(सन् 1846 से 1919 तक)*

तृतीय सेवादार

महन्त व सरवराकार बाबा जसवन्त सिंह *(सन् 1919 से 1931 तक)*

चौथे सेवादार

श्री महन्त बाबा नारायण सिंह *(सन् 1919 से 1999 तक)*

पाँचवें सेवादार

सरवराकार हरभजन सिंह *(सन् 1999 से 2003 तक)*

वर्तमान सेवादार

श्री महन्त बलजीत सिंह *(सन् 1981 से वर्तमान)*

ऐतिहासिकगुरुद्वाराब्रह्मकुण्ड
अयोध्या-फैजाबाद
पातिशाही-१,९,१०वी.

2. श्री गुरुनानक गोविन्द धाम (नज़रबाग गुरुद्वारा) नज़रबाग अयोध्या जी

गुरुद्वारा नज़रबाग का इतिहास अत्यधिक प्राचीन है। गुरुद्वारे से मिली जानकारी के अनुसार यह गुरुद्वारा राजा मानसिंह द्वारा नज़राने में दी गयी भूमि पर निर्मित है। इसी कारण इस क्षेत्र का नाम नज़रबाग पड़ गया। अयोध्या आने वाले सिख श्रद्धालुओं के साथ अन्य श्रद्धालु यहाँ माथा टेकने आते हैं। गुरुद्वारे की महत्ता को देखते हुए 29 नवम्बर सन् 1997 को गुरुद्वारे का पुनर्निर्माण कार्य पूज्य सन्त बाबा रामसिंह

जी (करनाल) की देख-रेख में प्रारम्भ हुआ, लगभग सात मंज़िल ऊँचा यह गुरुद्वारा आज बनकर तैयार है। गुरुद्वारे में सन् 2012 से प्रतिदिन ज़रूरतमन्द लोगों को लंगर सेवा दी जा रही है। यहाँ दीपावली के अगले दिन भव्य वार्षिक उत्सव मनाया जाता है। इस उत्सव में शामिल होने के लिए पूर्वी उत्तर प्रदेश के लगभग सभी ज़िलों से लोग आते हैं। वर्तमान समय में गुरुद्वारे की देख-रेख एवं पाठ का कार्य बाबा महेन्द्र सिंह जी द्वारा किया जा रहा है।

3. गुरुद्वारा श्री गुरु सिंह सभा (गुरुनानकपुरा)

इस गुरुद्वारे का निर्माण सन् 1948 के दौरान हुआ था, जब पाकिस्तान से सिख शरणार्थी फ़ैज़ाबाद आये और उन्होंने ही इसे बनवाया था। यह गुरुद्वारा जमुनिया बाग़ के निकट मुग़लपुरा वार्ड वर्तमान नाम गुरुनानकपुरा में स्थित है। इस गुरुद्वारे के मुख्य ग्रन्थी ज्ञानी श्री महेन्द्र सिंह हैं, जो विगत 48 वर्षों से यहाँ सेवा कर रहे हैं। 48 वर्ष पहले वे 10 वर्षों तक गुरुद्वारा दुःख निवारण में सेवादार रहे थे। इस गुरुद्वारे में मुख्य रूप से गुरुनानक देव का प्रकाशोत्सव मनाया जाता है जो कार्तिक पूर्णिमा के दिन पड़ता है। अन्य गुरुओं के प्रकाशोत्सव मनाने की भी यहाँ परम्परा रही है। यहाँ भी गुरु ग्रन्थ साहिब से वाणियों का पाठ होता है जिसमें श्री सुखमणि साहब का पाठ सुबह के वक़्त के उपरान्त आसा दी वार और कीर्तन होता है, शाम को रहरास साहिब का पाठ और सन्ध्या आरती गगन मय थाल रवि चन्द्र दीपक बने तारका मण्डला मोती के साथ वाणियों की समाप्ति होती है शाम को अरदास के बाद गुरु ग्रन्थ साहिब को शयन कराया जाता है जिसे सुखासन साहब कहते हैं जबकि वे दिन भर प्रकाश की स्थिति में रहते हैं। इस गुरुद्वारे की व्यवस्था प्रबन्धक कमेटी गुरुद्वारा सिंह साहिब गुरुनानक पूरा करती है जो सन् 1948 में अस्तित्व में आयी। इस गुरुद्वारे से सटे हुए लंगर हाल का नाम माता गंगा निवास है।

4. गुरुद्वारा दुःख निवारण (खिड़की अली बेग)

गुरुद्वारा दुःख निवारण सिख समुदाय का सबसे प्रमुख गुरुद्वारा माना जाता है। यह मोहल्ला खिड़की अली बेग, पुलिस लाइन, फ़ैज़ाबाद के पीछे स्थित है। ऐसा माना जाता है कि दसवें गुरु श्री गुरु गोविन्द सिंह जब फ़ैज़ाबाद आये और वह जिस स्थान पर रुके उसी स्थान पर गुरुद्वारा दुःख निवारण बना। इस गुरुद्वारे में श्री गुरु गोविन्द सिंह का प्रकाशोत्सव धूमधाम से हर वर्ष मनाया जाता है साथ ही अन्य गुरुओं का प्रकाशोत्सव भी मनाने की परम्परा रही है। यहाँ गुरु ग्रन्थ साहिब की पाँचों वाणियों के पाठ नियम से होते हैं जिनमें आसा दी वार के उपरान्त सबद कीर्तन, आनन्द साहिब का पाठ और अरदास होती है। यहाँ के मुख्य ग्रन्थी रागी दलजीत सिंह तान हैं। गुरुद्वारा परिसर में ही एक धर्मशाला भी स्थित है जिसे दशमेश भवन कहा जाता है। इस धर्मशाला में सेवादारों को किराये पर भवन दिया जाता है। गुरुद्वारा परिसर में ही गुरुनानक पब्लिक स्कूल भी संचालित होता है।

5. गुरुद्वारा साहिब जी (खवासपुरा)

यह गुरुद्वारा फ़ैज़ाबाद नगर के खवासपुरा में स्थित है। इस गुरुद्वारे के सरवराकार साकेत प्रिंटिंग प्रेस के मालिक श्री दीपकृष्ण वर्मा जी हैं। वो बताते हैं कि इस गुरुद्वारे की स्थापना उनके परनाना श्री अम्बिका प्रसाद सिंह एवं श्री पृथ्वीनाथ सिंह जी के द्वारा की गयी थी। अयोध्या नगर का यह एकमात्र ऐसा गुरुद्वारा है जिसे किसी सिख समुदाय के व्यक्ति द्वारा नहीं बनाया गया है। इस गुरुद्वारे की देखभाल एवं रखरखाव का कार्य सरदार श्री हरिचरन सिंह जी द्वारा किया जाता है। इसके पूर्व इन्हीं के पिता स्वर्गीय सरदार श्री मनोहर सिंह जी ने 55 वर्षों तक इस गुरुद्वारे की सेवा की थी। पूर्व में यह गुरुद्वारा बहुत छोटे क्षेत्र में

था। सन् 1995 में इसका जीर्णोद्धार करवाया गया, जिसके बाद यह अपने वर्तमान स्वरूप को प्राप्त हुआ। यहाँ गुरुनानक देव जी के प्रकाशोत्सव के अलावा जून माह में गुरु अर्जुन देव का शहीदी दिवस भी मनाया जाता है। शहीदी दिवस से 51 दिन पूर्व से ही सुखमनी साहब का पाठ शुरू हो जाता है और इक्यावनवें दिन एक बड़े समागम के तौर पर शहीदी दिवस मनाया जाता है।

जैन

जैन शब्द 'जिन' से व्युत्पन्न हुआ है। जिन का अर्थ है जेता। जिन्होंने समस्त शारीरिक इन्द्रियों, विकारों और मानसिक कुभावों पर पूर्ण विजय प्राप्त कर ली हो। ऐसे विज्ञ-साधु-सुजन ही जिन, जिनदेव या जिनेन्द्र कहलाते हैं। इसीलिए जिनके इष्टदेव 'जिन' हैं, वह जैन कहे जाते हैं।

हिन्दू धर्म के साथ-साथ अयोध्या जैन धर्म के लिए भी महत्त्वपूर्ण तीर्थस्थल है। अयोध्या इक्ष्वाकु वंश की नगरी है और जैन धर्म के प्रथम तीर्थंकर भगवान ऋषभदेव की जन्मभूमि भी है। जैन धर्म में कुल 24 तीर्थंकर हुए हैं। जैन धर्म की मान्यता अनुसार 22 तीर्थंकर इक्ष्वाकु वंश के ही थे जिनमें 5 तीर्थंकरों की जन्मभूमि अयोध्या है।

1. श्री ऋषभदेव 'आदिनाथ' जी

प्रतीक चिह्न–*साँड़ या बैल पुंडरिक*
शिष्य–*ब्राह्मी*

2. अजितनाथ जी

प्रतीक चिह्न–*हाथी सिंहसेना*
शिष्य–*फल्गु*

3. सम्भवनाथ जी

प्रतीक चिह्न–*घोड़ा चारू*
शिष्य–*श्यामा*

4. अभिनन्दन जी

प्रतीक चिह्न–*बन्दर वज्रभाषा*
शिष्य–*अजिता*

5. सुमतिनाथ जी

प्रतीक चिह्न–*चकवा या लाल हंस*
शिष्य–*काश्यपी*

6. पद्मप्रभु जी

प्रतीक चिह्न–*कमल प्रद्योतना*
शिष्य–*रति*

7. सुपार्श्वनाथ जी

प्रतीक चिह्न–*स्वस्तिक विदिर्भा*
शिष्य–*सोमा*

8. चन्द्रप्रभु जी

प्रतीक चिह्न–*चन्द्रमा दिन्ना*

शिष्य–*सुमना*

9. पुष्पदन्त 'सुविधिनाथ' जो

प्रतीक चिह्न–*मगरमच्छ वाराहक*

शिष्य–*वारूणी*

10. शीतलनाथ जी

प्रतीक चिह्न–*कल्पवृक्ष*

शिष्य–*सुजसा*

11. श्रेयांसनाथ जी

प्रतीक चिह्न–*गैंडा कश्यप*

शिष्य–*धरणी*

12. वासुपूज्य जी

प्रतीक चिह्न–*भैंस सुभूमा*

शिष्य–*धरणी*

13. विमलनाथ जी

प्रतीक चिह्न–*सूअर मण्डरा*

शिष्य–*धारा*

14. अनन्तनाथ जी

प्रतीक चिह्न–*साही जस*

शिष्य–*पद्मा*

15. धर्मनाथ जी

प्रतीक चिह्न–*वज्रदण्ड अरिष्ट*

शिष्य–*अर्थशिवा*

16. शान्तिनाथ जी

प्रतीक चिह्न–*हिरण चक्रयुद्ध*

शिष्य–*सूची*

17. कुन्थुनाथ जी

प्रतीक चिह्न–*बकरी संबा*

शिष्य–*दामिनी*

18. अरनाथ जी

प्रतीक चिह्न–*मछली कुम्भ*

शिष्य–*रक्षिता*

19. मल्लिनाथ जी

प्रतीक चिह्न–*कलश अभिक्षक*

शिष्य–*बन्धुमति*

20. मुनिसुव्रतनाथ जी

प्रतीक चिह्न–*कछुआ मल्लि*
शिष्य–*पुष्पावती*

21. नमिनाथ जी

प्रतीक चिह्न–*नीलकमल शुभ*
शिष्य–*अनिला*

22. अरिष्टनेमि जी 'नेमिनाथ'

प्रतीक चिह्न–*शंख वारादत्ता*
शिष्य–*यक्षदिन्ना*

23. पार्श्वनाथ जी

प्रतीक चिह्न–*सर्प आर्यदिन्ना*
शिष्य–*पुष्पचूड़ा*

24. वर्धमान महावीर जी

प्रतीक चिह्न–*सिंह इन्द्रभूति*
शिष्य–*चन्द्रबाला*

जातीय मन्दिर

कलवार मन्दिर 1

मन्दिर का नाम – अखिल भारतीय जायसवाल समाज पंचायती श्री रामजानकी मन्दिर।

पता – टेढ़ी बाज़ार चौराहे से थाना जन्मभूमि की ओर जाने पर लगभग 700 मीटर आगे बायीं ओर।

स्थापना वर्ष – मन्दिर प्रांगण में स्थित कुएँ पर लगे शिलालेख में कुएँ का निर्माण संवत् 2001 में कराये जाने का उल्लेख है।

गर्भगृह – राम, सीता, लक्ष्मण, भरत, शत्रुघ्न के साथ भरत जी की पत्नी माण्डवी जी एवं हनुमान जी और लड्डू गोपाल जी हैं।

सम्पर्क सूत्र – 9621221175

कलवार मन्दिर 2

मन्दिर का नाम – कलवार मन्दिर।
पता – कनीगंज।
गर्भगृह – राम दरबार।
सम्पर्क सूत्र – 8005227173

कुर्मी मन्दिर

मन्दिर का नाम	–	अखिल भारतीय पंचायती कुर्मी मन्दिर।
पता	–	मोहल्ला रायगंज, अयोध्या जी।
स्थापना वर्ष	–	सन् 1912
वर्तमान पुजारी	–	अजय वर्मा नाम के युवक द्वारा पूजा-पाठ किया जाता है।
गर्भगृह	–	राम दरबार।
सम्पर्क सूत्र	–	9170061819, 9889729063

खटिक मन्दिर

मन्दिर का नाम – पंचायती श्री रामजानकी खटिक मन्दिर।

पता – मुराई टोला अयोध्या जी।

स्थापना वर्ष – सन् 1920

वर्तमान पुजारी – सन्तोष कुमार पाण्डेय।

गर्भगृह – राम दरबार।

सम्पर्क सूत्र – 9151667393

ठठेरा मन्दिर

मन्दिर का नाम – हैहय वंशीय क्षत्रिय रामजानकी पंचायती मन्दिर।

पता – मोहल्ला, रायगंज।

स्थापना वर्ष – सन् 1913

वर्तमान पुजारी – देशिकेन्द्र भूषणाचार्य जी, जो स्वजातीय पुजारी नहीं हैं।

गर्भगृह – राम दरबार के साथ राधाकृष्ण जी भी हैं एवं मन्दिर के पीछे एक शिवाला भी स्थापित है।

सम्पर्क सूत्र – 9415785108

धोबी मन्दिर

मन्दिर का नाम – रामजानकी रजक वंश धोबी पंचायती मन्दिर।

पता – रायगंज, अयोध्या जी।

स्थापना वर्ष – संवत् 1979

वर्तमान पुजारी – विभीषण दास जी, जो लगभग 75 वर्षों से यहाँ पुजारी हैं।

गर्भगृह – राम दरबार के साथ लड्डू गोपाल जी हैं।

राजभर पंचायती मन्दिर

मन्दिर का नाम – राजभर पंचायती मन्दिर।
पता – पाजी टोला।
स्थापना वर्ष – सन् 1950
वर्तमान पुजारी – पाल दास जी, स्वजातीय।
गर्भगृह – सम्पूर्ण राम दरबार।
सम्पर्क सूत्र – 7408922994, 9616208283

निषाद वंश मन्दिर

मन्दिर का नाम – निषाद वंश पंचायती मन्दिर।

पता – टेढ़ी बाज़ार चौराहा, मोहल्ला, कैथाना।

स्थापना वर्ष – सन् 1917

वर्तमान पुजारी – तुलसीदास जी यहाँ स्वजातीय पुजारी हैं जो लगभग 2 वर्षों से यहाँ पूजा-पाठ का कार्य कर रहे हैं।

गर्भगृह – मन्दिर के गर्भगृह में राम दरबार के साथ एक और धातु की नाव में नथलाल केवट जी के साथ राम-लक्ष्मण और सीता जी विराजमान हैं।

सम्पर्क सूत्र – 9415717506

पटहार मन्दिर

मन्दिर का नाम	–	पटवा वंश रामजानकी मन्दिर।
पता	–	रायगंज, अयोध्या जी।
स्थापना वर्ष	–	1978
वर्तमान पुजारी	–	सतेन्द्र पाण्डेय जी, जो मन्दिर की स्थापना से यहाँ के पुजारी हैं। आप स्वजातीय पुजारी नहीं हैं।
गर्भगृह	–	राम दरबार के साथ लड्डू गोपाल जी हैं।
सम्पर्क सूत्र	–	9795155887

पासी मन्दिर

मन्दिर का नाम	–	पासी मन्दिर।
पता	–	कनीगंज।
स्थापना वर्ष	–	सन् 1842
वर्तमान पुजारी	–	मंगलदास जी, जो लगभग 18 वर्षों से यहाँ पुजारी हैं।
गर्भगृह	–	राम दरबार
सम्पर्क सूत्र	–	8948115817

मुराव मन्दिर 1

मन्दिर का नाम – मुराव पंचायती श्री रामजानकी मन्दिर।

पता – टेढ़ी बाज़ार चौराहा, मोहल्ला कैथाना।

स्थापना वर्ष – संवत् 1946

वर्तमान पुजारी – उद्धव दास जी, स्वजातीय पुजारी हैं जो लगभग 22 वर्षों से यहाँ हैं।

गर्भगृह – राम दरबार के राधाकृष्ण जी हैं।

मुराव मन्दिर 2

मन्दिर का नाम – श्री योगेश्वरनाथ मन्दिर।

पता – टेढ़ी बाज़ार चौराहा, अयोध्या।

वर्तमान पुजारी – इस स्थान के पुजारी भी उद्धव दास जी हैं और पुजारी जी इसी मन्दिर में रहते भी हैं।

गर्भगृह – यह एक शिवाला है। शिवलिंग के साथ यहाँ गणेश, लक्ष्मी एवं हनुमान जी की भी प्रतिमा स्थापित है।

यादव पंचायती मन्दिर

मन्दिर का नाम – पंचायती राधाकृष्ण यादव मन्दिर।

पता – साकेत महाविद्यालय से अयोध्या की तरफ़ लगभग 500 मीटर जाने पर बायीं ओर यह मन्दिर स्थित है। मोहल्ला कैथाना, अयोध्या।

स्थापना वर्ष – 1936

वर्तमान पुजारी – माण्डवी दास उर्फ़ रामकोमल दास, लगभग तीन वर्षों से।

गर्भगृह – राधाकृष्ण जी।

सम्पर्क सूत्र – 9415047924

सोनार मन्दिर

मन्दिर का नाम – श्री रामजानकी स्वर्णकार मन्दिर।

पता – कनीगंज, अयोध्या जी।

वर्तमान पुजारी – सन्तोषदास जी यहाँ के स्वजातीय पुजारी हैं।

गर्भगृह – राम दरबार।

हलवाई मन्दिर

मन्दिर का नाम – श्री रामजानकी अखिल भारतीय हलवाई कान्यकुब्ज वैश्य मन्दिर

पता – रामगंज।

स्थापना वर्ष – संवत् 1992

वर्तमान पुजारी – रामजग जी।

गर्भगृह – राम दरबार।

बरियार मन्दिर

मन्दिर का नाम – अखिल भारतीय बरियार पंचायती मन्दिर

पता – बरियारी टोला

वर्तमान पुजारी – समाज के ही एक परिवार द्वारा मन्दिर की देख-रेख एवं पूजा-पाठ किया जा रहा है।

गर्भगृह – चौहट्टी देवी।

सम्पर्क सूत्र – 9838519606

भंगी मन्दिर

मन्दिर का नाम – महर्षि श्वपच सुदर्शन समाज उत्थान।
पता – कैकेयी घाट।
वर्तमान पुजारी – चन्द्रप्रकाश।
गर्भगृह – महर्षि श्वपच सुदर्शन जी की प्रतिमा।
सम्पर्क सूत्र – 9451923225, 9679460358

लोधी क्षत्रिय मन्दिर

मन्दिर का नाम – अखिल भारतीय लोधी क्षत्रिय श्री रामजानकी मन्दिर।
पता – रामकोट।
स्थापना वर्ष – सन् 1967
वर्तमान पुजारी – उमाशरण जी महाराज।
गर्भगृह – सम्पूर्ण राम दरबार।
सम्पर्क सूत्र – 9005578936

वेलदार मन्दिर

मन्दिर का नाम	–	अखिल भारतीय वेलदार समाज मन्दिर।
पता	–	टेढ़ी बाज़ार से अयोध्या की ओर 50 मीटर आगे जाने पर दाहिनी ओर स्थित है।
वर्तमान पुजारी	–	श्री राकेश कुमार मिश्र जी।
गर्भगृह	–	सम्पूर्ण राम दरबार।
सम्पर्क सूत्र	–	9838618844

श्री रविदास मन्दिर

मन्दिर का नाम – श्री रविदास मन्दिर पंचायती।
पता – हनुमान कुण्ड।
स्थापना वर्ष – संवत् 1918
वर्तमान पुजारी – महन्त बनवारी पति उर्फ़ ब्रह्मचारी
गर्भगृह – मुख्य रूप से रविदास जी साथ में राम दरबार स्थापित है।
सम्पर्क सूत्र – 9451800418

श्री विश्वकर्मा मन्दिर

मन्दिर का नाम – श्री विश्वकर्मा जी का पंचायती मन्दिर।

पता – मोहल्ला रायगंज।

स्थापना वर्ष – संवत् 1973

वर्तमान पुजारी – पंचरत्न विश्वकर्मा जी, जो लगभग 65 वर्षों से यहाँ पूजा-पाठ कर रहे हैं।

गर्भगृह – राम दरबार के साथ विश्वकर्मा जी की प्रतिमा स्थापित है।

सम्पर्क सूत्र – 9305169330, 7007807213

श्री विश्वकर्मा मन्दिर मनुवंशीय

मन्दिर का नाम – मनुवंशीय श्री विश्वकर्मा पंचायती मन्दिर।
पता – स्वर्गद्वार।
स्थापना वर्ष – सन् 1890 से प्रारम्भ हुआ एवं 1905 में प्राणप्रतिष्ठा की गयी।
वर्तमान पुजारी – परमानन्द शास्त्री जी, स्वजातीय।
गर्भगृह – राम दरबार के साथ मुख्य रूप में भगवान विश्वकर्मा जी स्थापित हैं।
सम्पर्क सूत्र – 9415718891

प्रजापति मन्दिर

मन्दिर का नाम – प्रजापति रामजानकी मन्दिर।
पता – धर्मकांटा पाजी टोला, अयोध्या।
वर्तमान पुजारी – रामबली प्रजापति।
गर्भगृह – राम दरबार।
सम्पर्क सूत्र – 9305889345

अखिल भारतीय दाँगी क्षत्रिय मन्दिर

मन्दिर का नाम – अखिल भारतीय दाँगी क्षत्रिय मन्दिर।

पता – ऋणमोचन घाट, अयोध्या

स्थापना वर्ष – इस पूर्व निर्मित मन्दिर को 1972 में दाँगी समाज द्वारा ख़रीदा गया था।

वर्तमान पुजारी – महन्त श्री लक्ष्मीनारायण सरन।

गर्भगृह – सम्पूर्ण राम दरबार।

बरई (चौरसिया) समाज मन्दिर

मन्दिर का नाम – अखिल भारतीय श्री रामजानकी बरई (चौरसिया) समाज मन्दिर।
पता – ऋणमोचन घाट, अयोध्या।
स्थापना वर्ष – सन् 1929
वर्तमान पुजारी – महन्त राम अवध दास जी।
गर्भगृह – सम्पूर्ण राम दरबार।
सम्पर्क सूत्र – 9452975967

सीता राम सीता राम सीता राम सीता राम सीता राम राम
सीता राम
जीर्णोद्धार कर्ता
साकेतबासी म. श्री श्री १०८ श्री राम चरन दास जी महाराज
के कृपापात्र
श्री म. शीतल दास जी बरई मन्दिर
सन २०१०

कसौधन वैश्य पंचायती मन्दिर

मन्दिर का नाम – अखिल भारतीय कसौधन वैश्य पंचायती मन्दिर।

पता – अशर्फी भवन चौराहा।

स्थापना वर्ष – सन् 1883

वर्तमान पुजारी – नारायण शास्त्री (स्वजातीय नहीं हैं)।

गर्भगृह – सम्पूर्ण राम दरबार।

सम्पर्क सूत्र – 9795503738

महत्त्वपूर्ण अखाड़े

अयोध्या के अखाड़े

देश में मुख्य रूप से 13 अखाड़े हैं। यह तीन मतों में बँटे हैं। यह हैं शैव संन्यासी सम्प्रदाय, इनके पास सात अखाड़े हैं। वैरागी सम्प्रदाय के पास तीन अखाड़े हैं। श्री निर्वाणी अखाड़ा अयोध्या इसी के तहत आता है। इसके अलावा तीसरा है उदासीन सम्प्रदाय। इसके भी तीन प्रमुख अखाड़े हैं।

निर्वाणीआणि अखाड़ा	दिगम्बरआणि अखाड़ा	निर्मोही आणिअखाड़ा
पलटूदास का अखाड़ा	सन्तोषी अखाड़ा	खाकी अखाड़ा

महत्त्वपूर्ण टीले

मणि पर्वत	अंगद टीला	कुबेर टीला
सुग्रीव टीला	नल एवं नील टीला	जामवन्त टीला

महत्त्वपूर्ण छावनियाँ

मणि रामदास की छावनी	रघुनाथ दास की छावनी	तपस्वी जी की छावनी
तुलसीदास की छावनी	रामप्रसाद जी की छावनी	

महत्त्वपूर्ण भवन

महर्षि वाल्मीकि रामायण भवन	तुलसी स्मारक भवन	कनक भवन
अशर्फी भवन	कंचन भवन	स्वामी भगवताचार्य स्मारक भवन

परिक्रमा मार्ग

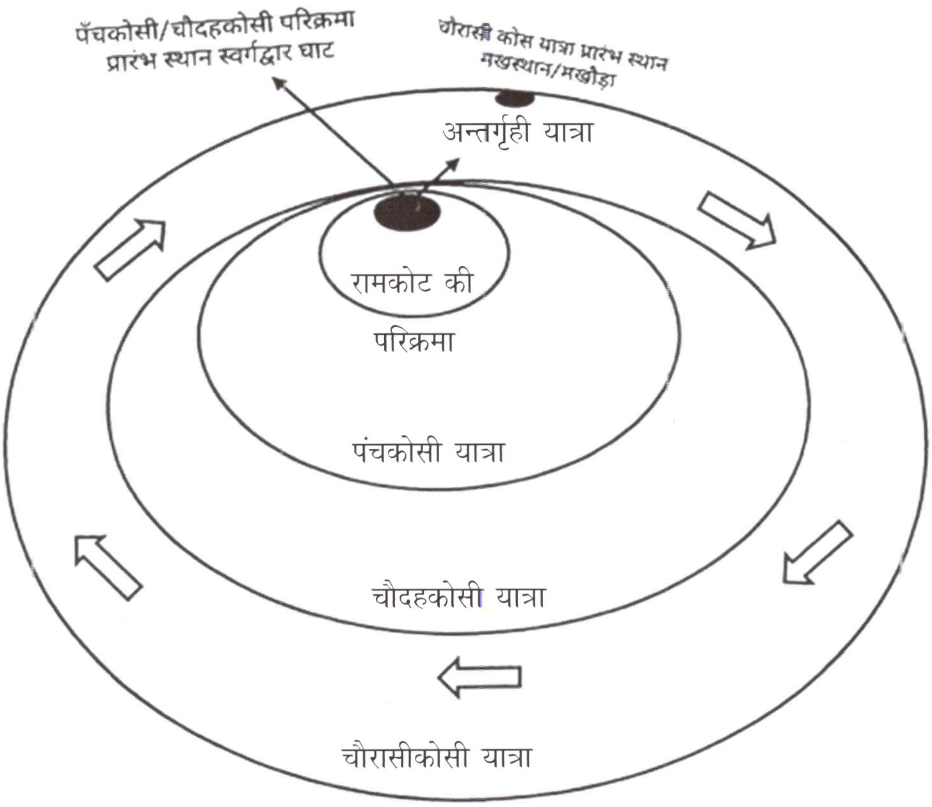

परिक्रमा मार्ग, अयोध्या

परिक्रमा : हिन्दू धर्म में परिक्रमा का एक विशेष महत्त्व है। लोग धार्मिकस्थलों के चारों ओर चल कर इसे पूरा करते हैं। इसी क्रम में हिन्दू धर्म ग्रन्थों में कुछ विशेष धार्मिक नगरियों का उल्लेख है और हिन्दू जनमानस में इन नगरों का विशेष महत्त्व है। इसी कारण इन नगरों में पड़ने वाले पूजास्थलों का महत्त्व भी अधिक है। श्रद्धालुओं द्वारा एक-एक मन्दिरों एवं धार्मिकस्थल की परिक्रमा सम्भव नहीं हो सकती, इसी कारण प्राचीन काल से उन धार्मिक क्षेत्रों में परिक्रमा की जाती है। इस प्रकार परिक्रमा करने पर उस परिक्रमा परिधि में पड़ने वाले सभी पूजास्थलों की परिक्रमा मानी जाती है। अयोध्या में प्रमुख रूप से चार प्रकार की परिक्रमा की जाती है– अन्तरगढ़ी परिक्रमा, पंचकोसी परिक्रमा, चौदह कोसी परिक्रमा, चौरासी कोसी परिक्रमा। सरकार द्वारा इन सभी परिक्रमा मार्गों पर परिक्रमा पथ बनवाये गये हैं। उस पथ के किनारे वृक्षारोपण, परिक्रमा करने वाले श्रद्धालुओं के लिए विश्राम स्टैंड आदि भी बनवाये गये हैं। उन मार्गों का नामकरण परिक्रमा के नाम पर ही है। सरकार समय-समय पर इन परिक्रमा पथों का जीर्णोद्धार करवाती रहती है जिससे श्रद्धालुओं को परिक्रमा के दौरान किसी प्रकार की असुविधा न हो। यह सभी परिक्रमा अयोध्या में एक मेले की तरह मनाई जाती हैं। इसके दौरान प्रशासन द्वारा सुरक्षा के साथ-साथ श्रद्धालुओं की सुविधाओं हेतु सभी प्रकार की सुविधाएँ उपलब्ध कराई जाती हैं। सरकार के साथ-साथ पूरे परिक्रमा पथ के दोनों ओर स्थानीय जनों एवं अनेक संस्थाओं द्वारा सभी प्रकार के स्टाल लगाये जाते हैं जिसमें उपचार हेतु मेडिकल कैम्प, चाय, भोजन, पेयजल आदि सभी प्रकार की सेवा स्थानीय लोगों द्वारा श्रद्धा भाव से दी जाती है।

रामकोट परिक्रमा : अयोध्या में मुख्य पूजा स्थान रामकोट के आसपास है। इन सभी स्थानों की एक साथ एक दिवसीय परिक्रमा होती है। यह रामकोट परिक्रमा कहलाती है। यह परिक्रमा प्रायः सरयू में स्नान करके नागेश्वरनाथ मन्दिर से प्रारम्भ होकर रामघाट, सीताकुण्ड, मणिपर्वत, और ब्रह्मकुण्ड होते हुए कनक भवन पर समाप्त होती है।

पंचकोसी परिक्रमा : यह परिक्रमा लगभग 15 किलोमीटर की होती है। यह परिक्रमा प्रत्येक वर्ष कार्तिक मास की शुक्ल पक्ष की एकादशी को की जाती है। सरकार द्वारा इस परिक्रमा मार्ग पर पथ बना हुआ है। इस मार्ग की परिधि लगभग पाँच कोस की है, इसीलिए इसे पंचकोसी परिक्रमा कहते हैं। कार्तिक शुक्ल एकादशी को प्रातः सरयू स्नान करके श्रद्धालु परिक्रमा प्रारम्भ करते हैं। परिक्रमा प्रारम्भ करने के कई स्थान हैं। मुख्यतया लोग नया घाट या वन्दी देवी (जालपा माता) मन्दिर से पंचकोसी परिक्रमा प्रारम्भ करते हैं और उसी स्थान पर पहुँचकर परिक्रमा समाप्त होती है।

चौदह कोसी परिक्रमा : कार्तिक मास की शुक्ल पक्ष की नवमी, जिसे अक्षय नवमी भी कहा जाता है, को चौदह कोसी परिक्रमा की जाती है। सरकार द्वारा चौदह कोसी परिक्रमा मार्ग पर भी पथ का निर्माण कराया गया है। इस परिक्रमा की परिधि चौदह कोस यानी 42 किलोमीटर होती है इसीलिए इसे चौदह कोसी परिक्रमा कहते हैं। यह परिक्रमा प्रातःकाल सरयू स्नान के बाद प्रभु श्रीराम का स्मरण करके प्रारम्भ की जाती है। चौदह कोसी परिक्रमा मार्ग पर मुख्य रूप से वैतरणी कुण्ड, सूर्य कुण्ड, रति कुण्ड, कुसुमायुध कुण्ड, दुर्गा कुण्ड, जनकौरा (जनौरा) स्थित मन्त्रेश्वर महादेव एवं गिरिजा कुण्ड, निर्मली कुण्ड, गुप्तार घाट पर गुप्त हरि एवं चक्र हरि जी का दर्शन किया जाता है। इसके बाद यम स्थल, विघ्नेश्वर नाथ, चक्रतीर्थ, ऋणमोचन, पापमोचन, लक्ष्मण घाट आदि स्थान के दर्शन पूजन करते हुए परिक्रमा राम घाट पर आ कर समाप्त होती है।

चौरासी कोसी परिक्रमा : अयोध्या के समीप बस्ती ज़िले में मखौड़ा नामक ग्राम है। इसी ग्राम में मनोरमा नदी के तट पर मख क्षेत्र नामक तीर्थ स्थित है। पौराणिक मान्यताओं के अनुसार इसी तीर्थस्थल पर राजा दशरथ द्वारा पुत्रकामेष्टि यज्ञ कराया गया था। अयोध्या की चौरासी कोसी परिक्रमा आज भी इसी तीर्थस्थल से प्रारम्भ होती है। धार्मिक मान्यताओं के अनुसार जो व्यक्ति चौरासी कोस की यात्रा को विधिपूर्वक पूरा करता है उसे चौरासी लाख योनियों में जन्म-मरण के बन्धन से मुक्ति मिलती है। लोक मान्यता में प्रभु श्रीराम की राजधानी अयोध्या का विस्तार इसी चौरासी कोसी परिक्रमा मार्ग के भीतर था जिसकी यात्रा करने से मनुष्य की सभी मनोकामनाएँ पूर्ण होती हैं। यात्रा प्रत्येक वर्ष वैशाख कृष्ण प्रतिपदा को मखौड़ा धाम से प्रारम्भ होती है। चौरासी कोसी परिक्रमा मार्ग में अवध क्षेत्र के छह जनपद आते हैं जिसमें अयोध्या, अम्बेडकर नगर, बाराबंकी, गोण्डा एवं बस्ती हैं। चौरासी कोस (252 किलोमीटर) की यह यात्रा चौबीस दिवसीय होती है। इस यात्रा को श्रद्धालु अपने-अपने संकल्प के अनुसार पूरा करते हैं। कुछ श्रद्धालु ट्रैक्टर-ट्राली, मोटरसाइकिल, चार पहिया वाहन आदि से भी यात्रा को पूरा करते हैं, मगर अधिकांश जन इस यात्रा को पैदल ही चल कर पूरा करते हैं। यात्रा वैशाख कृष्ण प्रतिपदा को बस्ती के मखौड़ा धाम से प्रारम्भ होकर चौबीस दिवस बाद अयोध्या, अम्बेडकर नगर, बाराबंकी, गोण्डा होते हुए जानकी नवमी को पुनः मखौड़ा धाम पर समाप्त होती है।

महत्त्वपूर्ण नदियाँ

सरयू

मोक्षदायिनी सरयू अयोध्या के उत्तर में बहती है। पौराणिक मान्यताओं एवं वैदिक मान्यताओं के अनुसार सरयू त्रेता युग की नदी है। सरयू जी के उत्पत्ति की सबसे मान्य कथा यह है कि एक बार शंकासुर नामक दैत्य ने धर्म को नष्ट करने के लिए सभी वेदों को चुरा कर समुद्र में डाल दिया था और स्वयं भी वहीं छुप गया था। तब भगवान विष्णु ने मत्स्य रूप धारण करके उसका वध किया और वेदों को प्राप्त कर ब्रह्मा जी को सौंप कर अपना वास्तविक रूप धारण किया। उस समय ब्रह्मा जी के सामने उनके प्रेमाश्रु टपक पड़े जिसे ब्रह्मा जी ने अपने कमण्डल में धारण करके मानसरोवर में डाल दिया। इसी कारण सरयू जी को 'नेत्रजा' भी कहा जाता है।

महाराज इक्ष्वाकु के शासन काल में अयोध्यावासियों के आग्रह पर गुरु वशिष्ठ जी हिमालय पर शंकर जी की आराधना करके माता सरयू को भूतल पर लेकर आये। तब से ये वशिष्ठनन्दनी भी कहलाने लगी। सरयू जी का वर्णन अनेक ग्रन्थों में मिलता है। मत्स्य पुराण के अध्याय 121 और वाल्मीकि रामायण के 24वें सर्ग में इस नदी का वर्णन है। कहा गया है कि हिमालय पर कैलाश पर्वत है जिससे लोकपावन सरयू निकली हैं। यह अयोध्यापुरी से सटकर बहती हैं। वामन पुराण के 13वें अध्याय, ब्रह्म पुराण के 19वें अध्याय और वायुपुराण के 45वें अध्याय में गंगा, यमुना, गोमती, सरयू और शारदा आदि नदियों का हिमालय से प्रवाहित होना बताया गया है।

सरयू का प्रवाह कैलाश मानसरोवर से कब बन्द हुआ? इसका विवरण तो नहीं मिलता लेकिन सरस्वती और गोमती की तरह इसका भी प्रवाह भौगोलिक कारणों से बन्द होना माना जाता रहा है। वर्तमान समय

में सरयू नदी उत्तर प्रदेश के लखीमपुर ज़िले में खैरीगढ़ स्टेट की राजधानी रही सिंगाही, जो कि एक समृद्ध सांस्कृतिक संस्कृति को सँजोये हुए है, बेलरायां झील से निकलकर अयोध्या धाम से होकर बलिया ज़िले में गंगा जी से मिल जाती है।

सरयू नदी मर्यादा पुरुषोत्तम श्रीराम के अवतरण व लीला परधामगमन की साक्षी रही है। इसी कारण इसे मोक्षदायिनी नदी माना गया है। अयोध्या में आज भी ज्येष्ठ मास की पूर्णिमा को सरयू जयन्ती मनाई जाती है।

तमसा

तमसा नदी अयोध्या की दूसरी सबसे प्राचीन नदी है। पौराणिक मान्यता के अनुसार वनगमन काल में प्रभु श्रीराम ने तमसा नदी के तट पर ही प्रथम रात्रि विश्राम किया था। यह स्थान गौरा घाट, गयासपुर में स्थित है। इस सन्दर्भ में तुलसीदास जो लिखते हैं कि 'प्रथम वास तमसा भयो, दूसर सुरसरि तीर'। कुछ वर्ष पूर्व तक तमसा नदी का अस्तित्व लगभग समाप्त होने के कगार पर आ गया था, परन्तु अयोध्या ज़िले के ज़िलाधिकारी अनिल कुमार जी तमसा के भगीरथ के रूप में आये और उन्होंने मनरेगा योजना के तहत तमसा के उद्‌गम स्थल से अयोध्या में अम्बेडकर नगर ज़िले की सीमा तक, तमसा की सफ़ाई करवाई।

तिलोदकी – तिलोदकी नदी का सम्पूर्ण विवरण इसी पुस्तक में एडवर्ड तीर्थ विवेचनी सभा के शिलालेख क्रमांक 50 पर उपलब्ध है।

कुटिला (कुब्जा)

कुटिला नदी बहराइच ज़िले के चित्तौरा झील से निकली हुई है। लगभग 8 किलोमीटर क्षेत्र में फैली। इस झील से कुटिला नदी टेढ़े-मेढ़े रास्ते से होकर निकलती है। इसी कारण इस नदी का स्थानीय एवं भौगोलिक नाम टेढ़ी नदी है। यह नदी बहराइच ज़िले से निकलकर गोण्डा ज़िले में सरयू नदी में मिल जाती है। इसी स्थान पर सरयू-कुटिला संगम नामक तीर्थ है। इसी नदी के तट पर महाराजा सुहेलदेव ने मुस्लिम आक्रान्ताओं से युद्ध लड़ा और उन्हें पराजित करके यहाँ से खदेड़ दिया। इसी नदी के तट पर कभी राजा जनक के गुरु अष्टावक्र जी का आश्रम हुआ करता था। आज यह नदी अपने अस्तित्व को बचाने का संघर्ष कर रही है।

मनोरमा

मनोरमा नदी गोण्डा ज़िला मुख्यालय से 19 किमी दूर इटियाथोक नामक स्थान पर स्थित तिर्रे ताल नामक सरोवर से निकलती है। पौराणिक मान्यताओं के अनुसार इसी स्थान पर उद्दालक ऋषि ने यज्ञ का अनुष्ठान करके सरस्वती नदी को मनोरमा के रूप में प्रकट किया था। इसका ज़िक्र महाभारत के शल्यपर्व में वर्णित है। मनोरमा नदी को पुराणों में सरस्वती की सातवीं धारा कहा गया है। पौराणिक इतिहास समेटे इस नदी के किनारे मौजूद प्राचीन मन्दिर और सरोवर आज भी स्थित हैं। स्थानीय मान्यताओं के अनुसार कहा जाता है कि 'जहाँ मन रमे वही मनोरमा है'। एक और मान्यता के अनुसार 'जहाँ मनचाहे वर पूरे हों वह मनवर है' इसीलिए इस नदी को मनवर भी कहते हैं। बस्ती ज़िले में इसी नदी के तट पर मखौड़ा धाम स्थित है। यह वही स्थान है जहाँ राजा दशरथ ने अपने कुलगुरु वशिष्ठ जी के कहने पर शृंगी ऋषि के द्वारा पुत्रकामेष्टि यज्ञ करवाया था। इस नदी के पौराणिक महत्त्व को देखते हुए नदी के तट पर 'मनोरमा

महोत्सव' का आयोजन होता है। परन्तु उससे इस नदी की दशा में कोई फ़र्क़ नहीं पड़ा। मनोरमा नदी गोण्डा ज़िले से बहते हुए बस्ती ज़िले के परशुरामपुर इलाके में बस्ती ज़िले में प्रवेश करती है और बस्ती ज़िले में ही महुली के पास यह नदी कुआनो नदी में समा जाती है।

रामरेखा

रामरेखा नदी अयोध्या से लगभग 30 किलोमीटर दूर हर्रैया तहसील क्षेत्र के विक्रमजोत के अमोढ़ा क़स्बे से निकलती है। 17 किलोमीटर लम्बी यह नदी अमोढ़ा से प्रारम्भ होती है। अमोढ़ा से रामरेखा नदी की दो धाराएँ निकलती हैं, पहली विक्रमजोत क्षेत्र के उत्तर दिशा रजवापुर गाँव से लोलपुर गाँव के समीप मनोरमा नदी में जाकर मिलती है जबकि दूसरी धारा पंडूल घाट के पास मनोरमा नदी में मिलती है। पौराणिक मान्यताओं के अनुसार जब भगवान राम, सीता जी से विवाह कर जनकपुर से अयोध्या लौट रहे थे तो रास्ते में माता सीता को प्यास लगी। आसपास जल का कोई प्रबन्ध न देख भगवान राम ने अपने बाण से एक रेखा खींच दी जिससे जल धारा प्रवाहित होने लगी। माता सीता सहित अन्य लोगों ने इस जलस्रोत से अपनी प्यास बुझाई, कुछ देर विश्राम किया और आगे बढ़ गये। इस जलस्रोत ने नदी का रूप ले लिया। इसी कारण इसका नाम रामरेखा पड़ा।

बिसुहि या वेदश्रुति

बिसुहि नदी का पौराणिक महत्त्व अयोध्या स्थित अन्य नदियों के समान ही है। वाल्मीकि रामायण में इस नदी को 'वेदश्रुति' कहा गया है लेकिन आज के स्थानीय लोगों में यह नदी बिसुहि के नाम से ज़्यादा जानी जाती है। उत्तर प्रदेश डिस्ट्रिक्ट गज़ेटियर के अनुसार इस नदी का उद्गम स्थल सुल्तानपुर ज़िले के ऐंजुर झील से बताया गया है। यह नदी अयोध्या जनपद में बहते हुए अम्बेडकर नगर के मिझौड़ा परगने में तमसा नदी में मिल जाती है। इसी तमसा-बिसुहि संगम पर पौराणिक श्रवण क्षेत्र तीर्थ स्थित है।

तीर्थ पुरोहित समिति

	नाम	पता	विषय विशेषज्ञ
1	स्वामी माधवाचार्य जी 'जगतगुरु'	अशर्फी भवन, विभीषण कुण्ड मार्ग, अयोध्या	श्रीमद्भागवत, रामचरितमानस व वाल्मीकी रामायण कथा प्रवचन
2	पं. डॉ. राम प्रसाद मिश्र व्याकरणाचार्य, पीएच. डी.	उत्तर तोतादिमठ, विभीषण कुण्ड मार्ग, अयोध्या	श्रीमद्भागवत कथा, वैदिक कर्म-काण्ड याज्ञिक
3	श्री स्वामी वासुदेवाचार्य व्याकरण ाचार्य 'विद्या भास्कर'	कोसलेश सदन, कटरा, अयोध्या	श्रीमद्भागवत, श्रीरामचरितमानस व वाल्मीकी रामायण कथा प्रवचन
4	पं. डा. कृष्ण कुमार मिश्र व्याकरणाचार्य, पीएच.डी.	25/4/42, लवकुश नगर, कारसेवकपुरम, अयोध्या	श्रीमद्भागवत कथा, वैदिक कर्म-काण्ड
5	पं. तामेश्वर नाथ मिश्र साहित्याचार्य	25/1/26, तुलसीबाड़ी, अयोध्या	श्रीमद्भागवत कथा प्रवचन
6	पं. गोविन्द प्रसाद शुक्ल वेदान्ताचार्य	गोविन्द भवन, तुलसीबाड़ी, अयोध्या	श्रीमद्भागवत कथा प्रवचन
7	पं. उमानाथ शुक्ल साहित्याचार्य	शुक्ल मन्दिर, श्रीराम बल्लभाकुंज जानकी घाट, अयोध्या	श्रीरामचरितमानस कथा प्रवचन
8	पं. ब्रह्मानन्द पाठक, व्याकरणाचार्य व साहित्याचार्य, पूर्व प्राचार्य	विभूति भवन गली, स्वर्गद्वार, अयोध्या	श्रीमद्भागवत कथा, वैदिक कर्म-काण्ड
9	पं. अशोक कुमार वैदिक, वेदाचार्य	वेद भवन, प्रमोद वन, अयोध्या	वैदिक कर्म-काण्ड
10	पं. धरणीधर द्विवेदी, वेदाचार्य	वेद भवन, मीरापुर, अयोध्या	वैदिक कर्म-काण्ड (याज्ञिक)

11	पं. अंजनी कुमार मिश्र वेदमूर्ति वेदाचार्य, साहित्याचार्य, पीएच.डी.	14/1/21, रामानुज सदन, जैन मन्दिर के सामने, रायगंज, अयोध्या	वैदिक कर्म-काण्ड
12	पं. नन्द किशोर त्रिपाठी साहित्याचार्य, एम.ए. (संस्कृत)	18/3/63, मानस भवन, निकट लोटनी भवानी, तुलसीनगर, अयोध्या	श्रीमद्भागवत, श्रीरामचरितमानस व वाल्मीकी रामायण कथा प्रवचन
13	पं. सत्यनारायण त्रिपाठी व्याकरणाचार्य, वेदान्ताचार्य	बजरंग निवास, निकट लोटनी भवानी मन्दिर, तुलसी नगर, अयोध्या	श्रीमद्भागवत कथा, वैदिक कर्म-काण्ड
14	पं. श्रीधर द्विवेदी, साहित्याचार्य	नृत्य राघव घाट, अयोध्या	श्रीमद्भागवत कथा प्रवचन
15	पं. रघुनाथ शास्त्री व्याकरण ाचार्य, साहित्याचार्य	जमनादास मन्दिर पुराना थाना, स्वर्गद्वार, अयोध्या	श्रीमद्भागवत कथा प्रवचन
16	पं. हरिहर प्रसाद मिश्र	सूरदास मन्दिर, तुलसी बाड़ी, अयोध्या	वैदिक कर्म-काण्ड (याज्ञिक)
17	श्री काली प्रसाद मिश्र	शिव मन्दिर, रानोपाली, अयोध्या	कथावाचक

प्रमुख कलाकार : गायन, वादन

	नाम एवं पता	विद्या
1	पं. गौरी शंकर महाराज – गोलाघाट, अयोध्या	ध्रुपद
2	श्री रामाश्रय झा – गोलाघाट, अयोध्या	भजन/शास्त्रीय गायन
3	श्री गौरी शंकर – कनक भवन, अयोध्या	राम भजन
4	श्री बल्देव चतुर्वेदी – कनक भवन, अयोध्या	शास्त्रीय भजन
5	श्री पापा स्वामी – अयोध्या	राम भजन
6	श्री सरयू दास जी – हनुमान गढ़ी, अयोध्या	राम भजन
7	श्री कुशल उपाध्याय – उर्दू बाज़ार, अयोध्या	शास्त्रीय गायन
8	श्री वेंकटेश अचारी – वैरागपुरा, अयोध्या	भजन/लोकगीत
9	श्री प्रदीप सिंह – नगरपालिका, अयोध्या	अवधी लोक गीत
10	सुश्री अंजू मिश्रा – तुलसीनगर, अयोध्या	अवधी लोक गीत
11	श्रीमती सावित्री सिंह – हनुमानगढ़ी, अयोध्या	अवधी लोक गीत

12	श्री विजय राम दास – बड़ी कुटिया, प्रमोदवन	पखावज वादन
13	श्री अजय राम दास – बड़ी कुटिया, प्रमोदवन	पखावज वादन
14	श्री राजीव रंजन पांडेय – भगवताचार्य स्मारक भवन	भजन/शास्त्रीय गायन
15	श्री मानस महाराज – भजन/शास्त्रीय गायन	अयोध्या

प्रमुख रचनाकार एवं उनकी रचनाएँ

	नाम एवं पता	प्रमुख रचनाएँ
1	डॉ. पं.रामकुमार दास रामायणी, श्रीराम ग्रन्थागार, मणि पर्वत, अयोध्या	1. मानस सिद्धान्त 2. शंका समाधान बालकाण्ड 3. वेदों में रामकथा
2	स्वामी युगलानन्य शरण जी महाराज, लक्ष्मण किला	1. श्री सीताराम उत्सव प्रकाशिका 2. श्री रघुवर गुण दर्पण 3. सन्त सिद्धान्तसार 4. मधुर मंजूमाला 5. श्री सीताराम स्नेह वाटिका 6. रसिक प्रकाश भक्तमाल 7. रथ क्रान्ति 8. इश्क क्रान्ति 9. चतुष्टय गुटिका 10. सीताराम नाम परत्व पदावली 11. जानकी स्नेह हुलास शतक 12. सन्त वचनावली 13. अनन्य चिन्तामणि
3	महात्मा अंजनीनन्दन शरण, ऋणमोचन घाट	1. मानस पीयूष 2. विनय पीयूष 3. हनुमान बाहुक सानुवाद व पीयूष वार्षिक टीका
4	श्रीकान्त शरण, सद्गुरु कुटी, गोलाघाट	1. श्रीरामचरितमानस सिद्धान्त भाष्य (चार खण्ड) 2. विनय पत्रिका सिद्धान्त तिलक (दो खण्ड) 3. कवितावली सिद्धान्त तिलक 4. दोहावली सिद्धान्त तिलक 5. श्री जानकी मंगल सिद्धान्त तिलक 6. हनुमान बाहुक सिद्धान्त तिलक

5	ब्रह्मचारी श्री भगीरथ राम, गोकुल भवन	1. अयोध्या दर्पण
6	सुश्री वृषभानु कुँवरि रामप्रिया, कनक भवन	1. मिथिला विलास अथ मिथिला विनोद 2. होरी रहस्य
7	सुश्री कंचन कुँवरि, ऋण मोचन घाट	1. कंचन कुसुमांजली
8	श्री देव प्रताप नारायण जू, राजसदन	1. रस कुसुमाकर
9	श्री लाला सीताराम, राजसदन	1. अयोध्या का इतिहास
10	श्री गोमतीदास, हनुमत सदन	1. झूलन बिहार संग्रहावली
11	श्री अग्रदेवाचार्य	1.भाव रत्नाकर
12	श्री चारुशीला शरण. चारुशीला मन्दिर	1. जानकी स्तवराज
13	श्री बल्लभाचार्य, जानकी घाट	1. रहस्यत्रय
14	श्री जानकी शरण मधुकर	1. सीताराम नित्य नैमित्तिक स्तुति रहस्य 2. सीताराम लीला रहस्य 3. भाव रत्नाकर
15	वेदान्ती रघुवर दास, वेदान्ती मन्दिर, वासुदेव घाट	1. श्रीमद् वाल्मीकि संहिता 2. श्री हनुमत संहिता
16	श्री रामप्रिया शरण	1. सीतायन
17	श्री करुणा सिन्धु	1. रामायण तुलसीदास टीका
18	श्री सीताराम शरण, लक्ष्मण किला	1. सीता तत्वमीमांसा 2. गीता तात्पर्य 3. अवध सन्देश पत्रिका
19	आचार्य प्रभुदास, पलटू अखाड़ा, मातगैड़	1. पलटू दर्शन
20	श्री सरयूदास जी	1. उपास्यदेव राम, वेदार्थ प्रकाश रामायण (सटीक)
21	श्री सियाराम शरण गिरिवर	1. सौमित्र महाकाव्य
22	श्री टाटम्बरी मथुरा दास	1. मन्त्र रामायण

पुरोहित एवं पण्डा

अयोध्या में प्राचीन काल से पण्डों का अपना विशेष स्थान है। अयोध्या तीर्थ में आने वाले यात्री अपने कुल पुरोहित पण्डों के यहाँ आते हैं और उनके यहाँ निवास करते हैं। पण्डे उन्हें स्थानीय आवश्यकताओं की व्यवस्था कराते हैं तथा मन्दिरों का दर्शन कराकर गुरु अर्चना आदि कराते हैं। तीर्थ यात्री अपनी सामर्थ्य के अनुसार पण्डों को गोदान, वस्त्रदान, अन्नदान, अर्थदान आदि करते हैं। इनका अपना एक प्रतीक चिह्न होता है जिससे इनकी पहचान होती है। यह प्रतीक झण्डों पर अंकित होता है।

पारम्परिक रूप से गुलाब पण्डा, चक्रतीर्थ, अयोध्या का उल्लेख मिलता है उसके उपरान्त काशी के निवासी रामनाथ उर्फ़ बनारसी पण्डा, जिन्हें छह भइया के नाम से जाना जाता है, ने पूजा-पाठ का कार्य प्रारम्भ किया। अयोध्या में इनकी नया घाट पर गद्दी है। कटारी मन्दिर, नया घाट में निवास करते हैं। इनका चिह्न पंखे का निशान है। पारम्परिक रूप से अयोध्या में घाटों पर पूजा-पाठ करने वालों का परिवार पीढ़ी-दर-पीढ़ी यही कार्य करता चला आ रहा है। प्रमुख निम्नवत व्यक्ति हैं। इन समस्त परिवारों का मुख्य स्थान माता अखाड़ा चक्रतीर्थ, अयोध्या है।

अयोध्या के घाटों को पुजाने हेतु वर्तमान में दो दल हैं–

1. सरयू घाट पण्डा कमेटी (निशान नहीं है)
   अध्यक्ष– श्री रामआधार पाण्डेय
2. तीर्थ पुरोहित जन कल्याण समिति, खाकी अखाड़ा, अयोध्या (निशान है– दो थाली का झण्डा)
   अध्यक्ष– श्री हनुमान प्रसाद पाण्डेय

	नाम	निशान
1	राधेश्याम मुन्ना लाल पाण्डेय	निशान नहीं है
2	गणेश प्रसाद पाण्डेय (दामाद) स्व. गुदुन जी पण्डा	निशान नहीं है
3	राममूर्ति पण्डा जय जय राम पण्डा	लक्ष्मी जी का झण्डा
4	पुरुषोत्तम पण्डा	दो लोटे का झण्डा
5	सत्यनारायण पण्डा चुन्नू लाल पण्डा	दो बोरे का झण्डा
6	लक्ष्मण पण्डा काशीराम पण्डा	निशान नहीं है
7	रामचन्दर पण्डा स्व. सहजराम पण्डा	दो बक्से का झण्डा
8	हनुमान पण्डा स्व. राजाराम पण्डा	तीन हँडिया का झण्डा
9	गणेश पण्डा सुन्दर लाल चौधरी	निशान नहीं है
10	रामनारायण पण्डा बुद्धू पण्डा	निशान नहीं है

11	गिरजा पण्डा बुद्धू पण्डा	निशान नहीं है
12	रामदीन पण्डा बुद्धू पण्डा	निशान नहीं है
13	राम गुरु पण्डा अयोध्या पण्डा	राम जी का झण्डा
14	महादेव पण्डा मनोदत्त पण्डा	बाल्टी का झण्डा
15	लक्ष्मी प्रसाद पण्डा सुन्दर लाल चौधरी	दो पलरी का झण्डा
16	हीरा लाल पण्डा राम दास	कुर्सी का झण्डा
17	किशोरी पण्डा सरयू प्रसाद पण्डा	राजा बली का झण्डा

अन्तर्राष्ट्रीय श्री सीताराम बैंक

आपने अनेक बैंकों के नाम सुने होंगे, बैंकों को देखा होगा, बैंकों में गये होंगे लेकिन क्या आपको पता है? अयोध्या में एक सबसे अलग बैंक है, जो मुद्रा का लेन-देन नहीं करता बल्कि श्री सीताराम नाम का संग्रह करता है। यह बैंक अन्य बैंकों की तरह ही कार्य करता है। इसमें भी लोगों के खाते खुलते हैं, उन्हें पासबुक दी जाती है एवं उनका हिसाब-किताब रखा जाता है।

अन्य बैंकों की तरह यहाँ भी बैंक में एक मैनेजर और एक कैशियर है।

इस बैंक के संस्थापक महन्त स्वामी श्रीनृत्यगोपालदास जी महाराज हैं जो अयोध्या स्थित मणिरामदास छावनी के पीठाधीश्वर एवं श्री रामजन्मभूमि ट्रस्ट क्षेत्र के अध्यक्ष भी हैं। महाराज श्री ने दिनांक 13.11.1970 को इस बैंक की स्थापना की। वर्तमान में इस बैंक की विश्व के 6 देशों में लगभग 151 शाखाएँ हैं।

वर्तमान में इस बैंक में 15 हज़ार करोड़ सीताराम नाम जमा हैं।

25 हज़ार से अधिक स्थायी सदस्य हैं एवं लाखों की संख्या में अस्थायी सदस्य हैं।

इस बैंक में जमा होने वाले श्री सीताराम नाम का कोई भाषा बन्धन नहीं है। आप किसी भी भाषा में लिख कर जमा कर सकते हैं। यही कारण है कि यहाँ जमा होने वाले श्री सीताराम नाम विश्व की कई भाषों में हैं। जैसे मुख्य रूप से हिन्दी, उर्दू, तमिल, तेलगु, कन्नड़, मलयालम, पंजाबी, सिंधी, गुजराती, मराठी, उड़िया, बंगला, असमी, अंग्रेज़ी, थाई, नेपाली, चीनी, जापानी आदि।

वर्तमान में इस बैंक के मैनेजर श्री पुनीतरामदास जी हैं एवं उप सहायक केशवदास जी (कृष्णा) हैं।

अन्तर्राष्ट्रीय श्री सीताराम नाम बैंक

❄ संस्थापक ❄

म० स्वामी श्रीनृत्यगोपालदास जी महाराज

श्रीमणिरामदास छावनी सेवा ट्रस्ट,

श्रीअयोध्या पुरी।

बैंक मैनेजर : पुनीतरामदास

कोड नं० 05278 फोन नं० 234255

पास बुक | Pass Book

खाता नं०/A/c No. ....9522..........

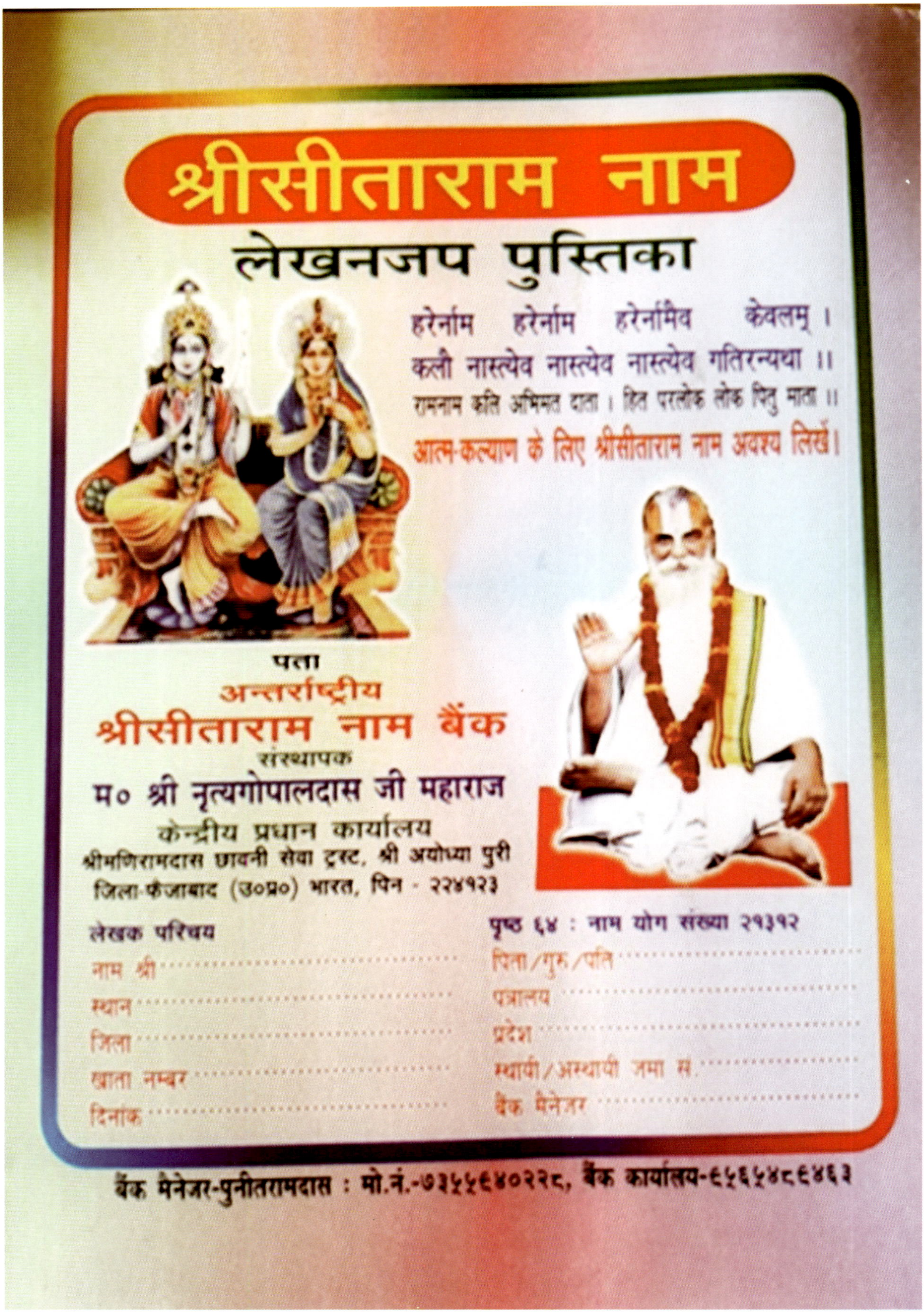
श्रीसीताराम नाम
लेखनजप पुस्तिका
हरेर्नाम हरेर्नाम हरेर्नामैव केवलम् ।
कलौ नास्त्येव नास्त्येव नास्त्येव गतिरन्यथा ।।
रामनाम कलि अभिमत दाता । हित परलोक लोक पितु माता ।।
आत्म-कल्याण के लिए श्रीसीताराम नाम अवश्य लिखें।
पता
अन्तर्राष्ट्रीय
श्रीसीताराम नाम बैंक
संस्थापक
म० श्री नृत्यगोपालदास जी महाराज
केन्द्रीय प्रधान कार्यालय
श्रीमणिरामदास छावनी सेवा ट्रस्ट, श्री अयोध्या पुरी
जिला-फैजाबाद (उ०प्र०) भारत, पिन - २२४१२३
लेखक परिचय
पृष्ठ ६४ : नाम योग संख्या २१३१२
नाम श्री
पिता/गुरु/पति
स्थान
पत्रालय
जिला
प्रदेश
खाता नम्बर
स्थायी/अस्थायी जमा सं.
दिनांक
बैंक मैनेजर
बैंक मैनेजर-पुनीतरामदास : मो.नं.-७३५५९४०२२८, बैंक कार्यालय-९५६५४८९४६३

ESTD.-1986

96

महत्त्वपूर्ण संगम

घाघरा-सरयू
कुटिला-बड़ा स्रोत
कुटिला-सरयू
तिलोदकी-सरयू

महत्त्वपूर्ण क्षेत्र

अयोध्या क्षेत्र
भैरव क्षेत्र
मख क्षेत्र
लक्ष्मी क्षेत्र
वराह क्षेत्र

महत्त्वपूर्ण ग्राम

नन्दीग्राम
नारायण ग्राम
नरग्राम

महत्त्वपूर्ण आश्रम

आस्तिक आश्रम
गौतम आश्रम
पराशर आश्रम
श्रवण आश्रम
वाल्मीकि आश्रम
च्यवन आश्रम
माण्डव्य आश्रम
श्रृंगी ऋषि आश्रम
तुण्डलिका आश्रम

महत्त्वपूर्ण पीठ

अयोध्या पीठ
सिद्धपीठ-विद्यादेवी
महालक्ष्मी पीठ

शाक्त देवियाँ

नन्दीदेवी
महालक्ष्मी
शीतला देवी (प्रभु श्रीराम की कुल देवी)
दुर्गाकुण्ड (अष्टभुजी माता)
कुण्डवी
चुटकी देवी
महाविद्या
स्वप्नेश्वरी
कालिका देवी

स्थानीय परम्पराएँ

प्रमुख उत्सव, त्यौहार

रामजन्म

अयोध्या में प्रत्येक वर्ष चैत्र माह की नवमी को प्रभु श्रीराम के जन्म को जन्मोत्सव के रूप में मनाया जाता है। ऐसी मान्यता है कि त्रेता युग में इसी दिन प्रभु का जन्म हुआ था। इसी परम्परा को जीवित रखते हुए अयोध्या के प्रत्येक छोटे-बड़े मन्दिरों में प्रभु श्रीराम का जन्मोत्सव बड़े धूमधाम से मनाया जाता है। इस दिवस को सभी रामनवमी कहते हैं। इस उत्सव के लिए अयोध्या के सभी मन्दिर कई दिन पूर्व से तैयारी में लग जाते हैं। मन्दिरों की साफ़-सफ़ाई, रंग-रोगन का कार्य कराया जाता है। रामनवमी के दिन लगभग सभी मन्दिरों में अखण्ड रामायण पाठ, भजन, कीर्तन आदि होते हैं। मन्दिर में ताँबे के पात्र में रामलला की मूर्ति रखकर पत्तों सहित खीरा को काटकर जन्मोत्सव का प्रारम्भ किया जाता है। उसके उपरान्त दूध, दही, शहद, घी, गंगाजल आदि से स्नान कराकर प्रभु का शृंगार व आरती की जाती है। मन्दिर में बधाई गीत, सोहर आदि गाया जाता है। अयोध्या में सर्वाधिक श्रद्धालुओं की भीड़ रामनवमी में ही होती है। रामनवमी पर अयोध्या में विशाल मेला भी लगता है।

सावन झूला

सावन झूला मेला अयोध्या का एक प्रमुख उत्सव है। यह सावन शुक्ल तृतीया से सावन पूर्णिमा तक चलता है। इस 13 दिन के मध्य लगभग सभी मन्दिरों से भगवान के विग्रह को निकालकर एक सुसज्जित पालकी में बिठाकर अयोध्या के मणि पर्वत पर ले जाया जाता है। इसके दौरान रास्ते में पड़ने वाले अनेक

स्थानों पर मन्दिरों के सामने मन्दिर के पुजारियों द्वारा पालकी की आरती करके भोग लगाया जाता है। मणि पर्वत पर पहुँच कर वहाँ के वृक्षों पर भगवान जी को झूला झुलाया जाता है। कुछ समय उपरांत भगवान को पालकी में बैठाकर पुनः मन्दिर में लाया जाता है और मन्दिर में पड़े झूले पर बिठा कर झूला झुलाया जाता है। सावन झूला में प्रभु श्रीराम और माता जानकी दोनों को झूला झुलाया जाता है। झूलन अवधि में झूलन गीत, संगीत, नृत्य आदि का आयोज्न होता है। देर रात्रि के बाद पुनः भगवान के विग्रह को शयन करा दिया जाता है। इस प्रकार यह उत्सव 13 दिनों तक चलता है। सावन झूला देखने के लिए देश-विदेश से लाखों की संख्या में श्रद्धालु अयोध्या आते हैं।

देवशयनी एकादशी

आषाढ़ शुक्ल एकादशी को देवशयनी एकादशी कहते हैं। पुराणों में उल्लेख आया है कि इस दिन से भगवान विष्णु चार मास तक क्षीरसागर में सोते हैं। इन चार मास में भगवान शयन करते हैं, इसीलिए इन चार महीनों में विवाह व सभी शुभ कार्य वर्जित होते हैं। इन दिनों साधु सन्त भी एक ही स्थान पर रहकर तपस्या करते हैं।

देवोत्थान एकादशी

प्रबोधिनी एकादशी को 'देव उठनी एकादशी' और 'देवोत्थान एकादशी' के नाम से भी जाना जाता है। माना जाता है कि भगवान श्री विष्णु ने भाद्रपद मास की शुक्ल एकादशी को महापराक्रमी शंखासुर नामक राक्षस को लम्बे युद्ध के बाद समाप्त किया था और थकावट दूर करने के लिए क्षीरसागर में जाकर सो गये थे और चार मास पश्चात् फिर जब वे उठे तो वह दिन देव उठनी एकादशी कहलाया। भगवान विष्णु के जागने के उपरान्त इस एकादशी से सभी शुभ तथा मांगलिक कार्य शुरू किये जाते हैं। इस दिन भगवान श्री विष्णु का सपत्नीक आह्वान कर विधि-विधान से पूजन करना चाहिए। इस दिन उपवास करने का विशेष महत्त्व है और माना जाता है कि यदि इस एकादशी का व्रत कर लिया तो सभी एकादशियों के व्रत का फल मिल जाता है और व्यक्ति सुख तथा वैभव प्राप्त करता है और उसके सारे पाप नष्ट हो जाते हैं। इस दिन महिलाएँ तुलसी जी और शालिग्राम भगवान के विवाह का आयोजन भी करती हैं। यह विवाह सामान्य विवाह की तरह धूमधाम से किया जाता है। इसी दिन नयी फ़सल की ईख देवता को चढ़ाकर एकादशी की रात बिताकर प्रातःकाल उसी गन्ने के एक टुकड़े से सूप बजाते हुए ब्रह्ममुहूर्त में दरिद्र भगाया जाता है। इस दिन भगवान विष्णु को घर पर बुलाने का आवाहन करते हुए महिलाएँ घर के हर कोने में 'इस्सर आवें, दरिद्र जायँ' कहते हुए सूप बजाती हैं।

होली

होली हिन्दू धर्म का सबसे अधिक उल्लास से मनाया जाने वाला पर्व है। इस पर्व पर समाज में सभी प्रकार के जातीय एवं सामाजिक भेदभाव को ख़त्म करके सभी एक साथ इस पर्व को मनाते हैं। इस पर्व की शुरुआत माघ मास के शुक्ल पक्ष की पंचमी, जिसे हम सभी बसन्त पंचमी के नाम से जानते हैं, इसी दिन से प्रारम्भ हो जाती है। बसन्त पंचमी के दिन होलिका दहन की वेदी रचना शुरू हो जाती है। अरण्ड की डालें चौराहों या जहाँ भी प्रत्येक वर्ष होलिका का दहन होता है, वहाँ कुछ पूजन सामग्री जैसे पैसे, सुपाड़ी, चावल, हल्दी, अबीर, गुलाल, रंग, और सिन्दूर के साथ ज़मीन में गाड़ दी जाती है और स्थानीय युवकों की टोलियाँ उसी दिन से उस वेदी के चारों ओर होलिका दहन की सामग्री एकत्र करना शुरू कर देते हैं। लोक मान्यताओं के अनुसार होलिका दहन की परम्परा का प्रारम्भ प्रह्लाद द्वारा अपनी बुआ, जो कि हिरण्यकश्यप की बहन

अयोध्या

भी थीं, के दहन से शुरू हुई थी। चैत्र मास की कृष्ण प्रतिपदा को होली बड़े धूमधाम से मनाई जाती है। गाँव हो या नगर सभी स्थानों पर होली एवं होलिका की मान्यता एवं उसे मनाने की विधि लगभग समान ही रहती है।

श्रीराम विवाह-राम कलेवा

अयोध्या में प्रतिवर्ष मार्गशीर्ष माह की पंचमी से पाँच दिन तक राम विवाह का उत्सव मनाया जाता है। यह उत्सव अयोध्या में एक मेले के रूप में आयोजित होता है। इस उत्सव में अयोध्या के प्रत्येक रामजानकी मन्दिरों में राम विवाह का आयोजन होता है। इसमें अयोध्या में ही एक कल्पित जनकपुर बनाया जाता है और बड़े धूमधाम से लोग राम जी की बारात लेकर वहाँ जाते हैं। मन्दिरों को ख़ूब सजाया जाता है। बारात के स्वागत में लोग परम्परागत नृत्य एवं गान करते हैं। बारात पहुँचने पर पुरुष बारात का स्वागत

करते हैं। उसके बाद वैदिक रीति-रिवाज से राम-सीता, लक्ष्मण-उर्मिला, भरत-माण्डवी तथा शत्रुघ्न-श्रुतिकीर्ति जी का पाणिग्रहण एवं भाँवर आदि का आयोजन होता है। विवाह के दूसरे दिन प्रातःकाल कलेवा होता है जिसमें दही-गुड़ व मिष्ठान आदि खिलाकर भेंट दी जाती है, तत्पश्चात युगल देवों को चार पालकी में बिठाकर विदा-गीत गाते हुए विदाई रस्म की जाती है।

दशहरा

दुर्गा पूजा

आश्विन शुक्ल पक्ष प्रतिपदा से द्वादशी के बीच अयोध्या के राजा राम की कथा पर आधारित रामलीला गाँव-गाँव में रामलीला मण्डलियों द्वारा खेली जाती है। विजय दशमी के दिन अयोध्या एवं सीमावर्ती क्षेत्रों में अनेक स्थानों पर दशहरे का मेला लगता है। यह मेला आम मेलों से थोड़ा अलग होता है। यहाँ दुकानें रात्रि में लगती हैं। इसमें रावण, मेघनाद व कुम्भकरण के विशाल पुतले मेले के मध्य लगाये जाते हैं जिनमें वहाँ की रामलीला के राम जी द्वारा आग लगायी जाती है और उन पुतलों में पहले से भरे पटाखे तेज़ी से फूटने लगते हैं और पुतला कुछ ही समय में जल कर नष्ट हो जाता है। इसे समाज में असत्य पर सत्य की जीत के रूप में देखा जाता है।

दीपावली

दीपावली पर्व हिन्दुओं के प्रमुख त्योहारों में से एक है। दीपावली कार्तिक मास की अमावस्या को मनाई जाती है। अयोध्यावासियों के लिए यह दिन अत्यन्त ख़ुशी देनेवाला होता है। मान्यता है कि प्रभु श्री राम चौदह वर्ष का वनवास पूर्ण करके कार्तिक अमावस्या को ही अयोध्या लौटे थे। प्रभु के अयोध्या पहुँचने पर अयोध्यावासियों ने उनके आने की ख़ुशी में दीप जलाकर महोत्सव मनाया था। तभी से दीपावली पर्व मनाया जाता है।

आज के समय में इस दिन लक्ष्मी जी को प्रसन्न करने के लिए लोग घरों की साफ़-सफ़ाई करके उनकी पूजा करते हैं। लोक मान्यताओं में कहा जाता है कि दीपावली की रात जगने की रात होती है। जिसे जो हुनर या विद्या आती है, वह उसे जगाता है। छात्र इस दिन पूरी रात बैठकर पढ़ाई करते हैं। इस दिन घर के सभी दरवाज़े खोल दिये जाते हैं। कहा जाता है कि इस दिन लक्ष्मी जी भगवान विष्णु की शेषशय्या से उठकर अपनी बहन दरिद्रा के साथ भूलोक पर विचरण करती हैं। जो घर साफ़-सुथरा और प्रकाशित होता है उसमें लक्ष्मी जी चली जाती हैं और जो घर गन्दा, अँधेरा होता है वहाँ दरिद्रा चली जाती हैं।

दीपोत्सव 2017

उत्तर प्रदेश के इतिहास में लगभग सभी पार्टियों की सरकारें आयीं और गयीं लेकिन सन् 2017 में भाजपा सरकार आयी तो भाजपा ने मुख्यमन्त्री बनाया गोरक्षपीठाधीश्वर महाराज योगी आदित्यनाथ जी 18 अक्टूबर 2017 को अयोध्या में दीपोत्सव का आयोजन। यह आयोजन इतना भव्य था, जैसे आज ही प्रभु श्रीराम वनवास से लौट कर अयोध्या आये हैं। मोक्षदायिनी माँ सरयू के तट पर राम की पैड़ी में लगभग 2 लाख (1 लाख 87 हज़ार 213) दीयों को रोशन किया गया। यह एक विश्व रिकॉर्ड था। इस पूरे कार्यक्रम का आयोजन इतने सुन्दर ढंग से कराया गया जिसे देखकर अयोध्यावासियों को प्रभु श्रीराम के जीवन का दर्शन हो सके। अयोध्या की सड़कों पर अनेक प्रकार की झाँकियाँ निकाली गयीं। अनेक देशों से आये रामलीला कलाकारों ने मंचन किया। पूरी अयोध्या दीपों के प्रकाश से जगमगा उठी। जैसे सच में अयोध्या का वनवास रूपी अन्धकार नष्ट हो रहा हो और अयोध्या पुनः अपने वैभव को प्राप्त हो रही हो। अयोध्यावासियों के लिए अयोध्या पुनः देवलोक के समान हो गयी थी, पूरी अयोध्या जय श्रीराम के नारों से गूँज रही थी।

दीपोत्सव 2018

प्रथम वर्ष के आयोजन में कुछ तकनीकी कारणों से दीपों का आँकड़ा गिनीज बुक ऑफ़ वर्ल्ड रिकॉर्ड में शामिल नहीं हो पाया जिसके कारण वर्ष 2018 के दीपोत्सव कार्यक्रम को तीन दिवसीय बनाया गया। यह कार्यक्रम 4 से 6 नवम्बर 2018 को मनाया गया। प्रथम वर्ष की अपेक्षा इस वर्ष आयोजन को और विस्तृत किया गया। अयोध्या को सजाने के साथ-साथ पूरे विश्व से रामलीला के कलाकार बुलाये गये। इस वर्ष दीपों की संख्या 2017 की अपेक्षा दुगनी की गयी। लगभग 6000 वॉलेंटियर्स की सहायता से राम की पैड़ी की सीढ़ियों पर दीपों को सजाया गया। गिनीज बुक ऑफ़ वर्ल्ड रिकॉर्ड की टीम ने अनेक तकनीकी सहायता से दीपों की संख्या 3 लाख 1 हज़ार 152 बतायी जो कि एक विश्व रिकॉर्ड था। हेलिकॉप्टर से पुष्प वर्षा की गयी जैसे देव लोक से पुष्प वर्षा हो रही हो। इस वर्ष इस आयोजन में मुख्य रूप से उत्तर प्रदेश के मा. मुख्यमन्त्री श्री योगी आदित्यनाथ जी, दक्षिण कोरिया

की प्रथम महिला किम जोंग सुक, पूर्व थलसेना अध्यक्ष वी. के. सिंह, बिहार के मा. राज्यपाल श्री लालजी टण्डन, उत्तर प्रदेश के दोनों मा. उपमुख्यमन्त्री श्री केशव प्रसाद मौर्य जी, दिनेश शर्मा जी, मन्त्रिण्डल के अन्य सदस्य एवं समस्त अयोध्यावासी उपस्थित रहे।

दीपोत्सव 2019

अयोध्या दीपोत्सव प्रत्येक वर्ष भव्य होता जा रहा है। जहाँ पहले वर्ष लगभग 1 लाख 87 हज़ार दीये जलाये गये, दूसरे वर्ष लगभग 3 लाख दीये जला कर विश्व रिकॉर्ड बनाया गया, वहीं 2019 में दीपों की संख्या लगभग 6 लाख कर दी गयी जिसमें 4 लाख से अधिक दीये राम की पैड़ी पर जलाये गये।

अयोध्या के साकेत महाविद्यालय से भगवान की लीला पर आधारित अनेक झाँकियाँ निकाली गयीं। इस शोभा यात्रा को फिजी की डिप्टी स्पीकर श्रीमती वीना कुमार भटनागर जी ने हरी झण्डी दिखाकर रवाना किया।

इस वर्ष प्रभु श्रीराम माता सीता, अनुज लक्ष्मण एवं प्रिय हनुमान के साथ अयोध्या उड़नखटोले से आये। जब उड़नखटोला अयोध्या के रामकथा पार्क में उतरा तो सभी अयोध्यावासियों को त्रेता युग में होने का अहसास हुआ। जय श्रीराम के उद्घोष से पूरी अयोध्या गूँज रही थी। योगी आदित्यनाथ जी ने स्वयं तिलक लगाकर प्रभु श्रीराम का स्वागत किया।

Bell 412EPI

दीपोत्सव 2020

उत्तर प्रदेश की राज्यपाल आनन्दीबेन पटेल एवं मुख्यमन्त्री योगी आदित्यनाथ ने राम की पैड़ी, अयोध्या में दीपोत्सव-2020 के अवसर पर दीप प्रज्ज्वलित किया। इस अवसर पर उन्होंने मंत्रोच्चार के साथ सरयू जी की आरती एवं पूजन किया। इस वर्ष दीपोत्सव-2020 में 6,06,569 दीप प्रज्ज्वलित कर गिनीज बुक ऑफ वर्ल्ड रिकॉर्ड में एक नया कीर्तिमान स्थापित किया गया है। अगले वर्ष 07 लाख 51 हजार दीप प्रज्ज्वलित करने का लक्ष्य रखा गया था।

इस अवसर पर मुख्यमंत्री जी ने कहा कि हम अपने पर्वों एवं त्योहारों को विषिष्ट तौर से आयोजित कर दुनिया के समक्ष यूनीक इवेण्ट के रूप में प्रस्तुत कर सकते हैं। आज यहां पर सरयू जी की आरती एवं डिजिटल दीपावली का कार्यक्रम इसी श्रृंखला के हिस्से हैं। उन्होंने कहा कि हमें प्रकृति के साथ अपना समन्वय स्थापित करने के साथ ही अपनी परम्परा और आध्यात्मिक विरासत को भी अक्षुण्ण बनाए रखना है।

मुख्यमंत्री ने कहा कि जिन आयोजनों से पर्यावरण की क्षति होने की आशंका होती है, ऐसे कार्यक्रमों को हम डिजिटल रूप में मना सकते हैं। राज्य सरकार द्वारा तकनीकी का प्रयोग कर त्योहारों और पर्वों को और भव्यता एवं दिव्यता के साथ आयोजित किया जा रहा है। आज अयोध्या में आयोजित की गई दिव्य डिजिटल दीपावली इसका प्रमाण है। हम अपने कार्यक्रमों को आपसी सद्भाव एवं समन्वय के साथ आयोजित करते हैं, अयोध्या में आयोजित दीपोत्सव इसका जीवन्त उदाहरण है।

दीपोत्सव 2021

भगवान श्रीराम की नगरी अयोध्या में पांचवें दीपोत्सव 2021 पर फिर त्रेतायुग जीवंत हो उठा। ज्यों ही हेलीकाप्टर (पुष्पक विमान) से राम कथा पार्क में भगवान श्री राम, मां सीता और भाई लक्ष्मण उतरे तो खुद मुख्यमंत्री योगी आदित्यनाथ व केन्द्रीय पर्यटन मंत्री जी किशन रेड्डी ने अपने कैबिनेट के सहयोगियों के साथ भगवान के स्वरूप की अगवानी की। हेलीकॉप्टर से तीन राउंड पुष्पवर्षा हुई तो जय जय श्रीराम के नारों से अयोध्या गुंजायमान हो उठी। उत्तर प्रदेश की योगी आदित्यनाथ सरकार ने दीपोत्सव पर अयोध्या नगरी में 12 लाख दीये जलाए गए। दीपोत्सव को देखने के लिए गिनीज बुक ऑफ वर्ल्ड रिकॉर्ड्स की एक टीम अयोध्या में है। विश्व रिकॉर्ड बनाने के लिए मिट्टी के एक दीए को कम से कम पांच मिनट तक जलाना होगा। रामकी पैड़ी के 32 घाटों पर दीपों को प्रज्जवलित करने के काम में 12 हजार स्वयंसेवी लगे थे। रामनगरी के अन्य पौराणिक स्थलों एवं मंदिरों पर तीन लाख दीप जलाए गए हैं।

हनुमान जयन्ती

हनुमान जयन्ती कार्तिक कृष्ण चतुर्दशी को मनाई जाती है। पुराणों के अनुसार इसी दिन हनुमान जी का जन्म हुआ था। अयोध्या स्थित हनुमान गढ़ी मन्दिर हनुमान जी के दर्शन-पूजन के लिए सबसे बड़ा स्थान माना जाता है। इसी कारण यहाँ हनुमान जयन्ती का उत्सव भी बड़े भव्य एवं दिव्य रूप में मनाया जाता है। इस दिन प्रातःकाल से ही मन्दिर में श्रद्धालुओं की भीड़ बढ़ने लगती है। लोग भारी उत्साह से दर्शन-पूजन करते हैं। हनुमान जयन्ती के दिन रात्रि 12 बजे माता अंजना की गोद में हनुमान जी का जन्म होता है फिर बाल हनुमान का श्रृंगार किया जाता है एवं उन्हें हीरे-जवाहरात के आभूषणों से सुशोभित किया जाता है। उसके बाद ढोल-नगाड़ों के साथ आतिशबाज़ी की जाती है। सन्त एवं भक्तजन पूरी रात्रि भजन-कीर्तन करते हुए हनुमान जी का जन्मोत्सव मनाते हैं।

हनुमान जयन्ती की तिथि को लेकर एक और मत के लोग हैं जो दक्षिण भारत के साथ राजस्थान स्थित मेंहदी बाला जी की परम्परा का अनुसरण करते हैं। ये लोग चैत पूर्णिमा को हनुमान जयन्ती मनाते हैं। अयोध्या हनुमान गढ़ी के एक महन्त बताते हैं कि चैत पूर्णिमा को महावीर स्वामी की जयन्ती होती है।

अन्नकूट

अन्नकूट मुख्यतया ब्रज का त्योहार है परन्तु अयोध्या में भी इसे मनाने में कोई कमी नहीं होती। अयोध्या में अन्नकूट बहुत धूमधाम से मनाया जाता है। यह त्योहार दीपावली के दूसरे दिन मनाया जाता है। प्राचीन ग्रन्थों में इस दिन वरुण, इन्द्र, अग्नि आदि देवताओं की पूजा का विधान है। उसी दिन बलि पूजा, गोवर्धन पूजा, मार्गपाली आदि होते हैं। मान्यता अनुसार अन्नकूट या गोवर्धन पूजा भगवान कृष्ण के अवतार के समय से प्रारम्भ हुई। उस काल में ब्रजवासी भगवान को खुश करने के लिए उन्हें तरह-तरह के पकवानों का भोग लगाते थे। यही प्रथा धीरे-धीरे सभी स्थानों पर फैल गयी। इस दिन गोवर्धन जी लेटे हुए व्यक्ति के रूप में बनाये जाते हैं एवं उनके नाभि के स्थान पर एक मिट्टी का दिया या कटोरी रख दी जाती है जिसमें दूध, दही, शहद, मिठाई आदि डाली जाती है और बाद में उसे प्रसाद रूप में सभी में बाँट दिया जाता है।

फूल बंगला की झाँकी

फूल बंगले की झाँकी सभी स्थानों पर किसी एक दिन नहीं मनाई जाती। यह अलग-अलग दिवस पर सभी मन्दिरों में मनाई जाती है। इस दिन भगवान के विग्रह को पूर्णतया फूलों से सजाया जाता है। सजाने की यह कला और परम्परा बिल्कुल अलग होती है। बेला, चमेली, चाँदनी, जूही आदि कतीदार फूलों की कलियों के कलात्मक बंगले बनाये जाते हैं। इनके आसपास हरे-भरे पौधों से सजे गमले, बीच में फ़व्वारे लगाये जाते हैं। यह पूरी प्रक्रिया अत्यन्त जटिल होती है। एक झाँकी बनाने में 15 से 20 व्यक्तियों को कार्य करना पड़ता है। महिलाएँ कलियों को काटती-छाँटती हैं तथा कलियों की लड़ियाँ बनाती हैं। फिर केले के तने का अन्दरूनी भाग छील कर उसकी पतली-पतली पट्टियाँ बना ली जाती हैं, और इन्हीं पट्टियों से जालीदार बंगते बना लिए जाते हैं, फिर इन्हीं पर कलियों की लड़ियाँ बड़ी बारीकी से लगाई जाती हैं। फूल बंगले की पहली झाँकी अयोध्या के छोटी देवकाली मन्दिर में होती है। यहीं से झाँकियों का सिलसिला शुरू हो जाता है। सबसे भव्य झाँकी अयोध्या के कनक भवन मन्दिर में होती है जिसे देखने बहुत दूर-दूर से लोग आते हैं।

जानकी नवमी

जिस प्रकार चैत्र शुक्ल पक्ष नवमी को भगवान श्रीराम का जन्मोत्सव मनाया जाता है ठीक उसी प्रकार वैशाख शुक्ल पक्ष की नवमी को माँ जानकी का अवतरण हुआ था और इस दिन को लोग जानकी नवमी के रूप में मनाते हैं। अयोध्या स्थित माता सीता की कुलदेवी छोटी देवकाली जी के मन्दिर पर जानकी नवमी के दिन भव्य आयोजन किया जाता है। ठीक उसी प्रकार जानकी महल में भी भव्य रूप में माता जानकी का उत्सव मनाया जाता है। इस दिन माता जानकी का बाल स्वरूप बना कर उसका शृंगार करके विधिपूर्वक आरती-पूजन एवं भव्य भोग लगाया जाता है एवं ढोल नगाड़ों के साथ धूमधाम से जन्मोत्सव मनाया जाता है।

सरयू आरती

वैसे तो सम्पूर्ण अयोध्या माँ सरयू के तट पर बसी हुई है, और सम्पूर्ण सरयू तट पर जगह-जगह भक्तों एवं सन्तों द्वारा माँ सरयू की आरती की जाती है लेकिन भक्तों द्वारा मुख्यतया नया घाट के आस-पास स्नान-पूजन को विशेष महत्त्व दिया जाता है। इसी कारण राम की पैड़ी के ठीक उत्तर दिशा में होने वाली आरती को मुख्य सरयू आरती के रूप में देखा जाता है। यहाँ के महन्त शशिकान्त दास जी बताते हैं कि यहाँ सरयू आरती 2013 में उनके द्वारा प्रारम्भ की गयी। 2017 में जब योगी आदित्यनाथ जी मुख्यमन्त्री बने और वह अयोध्या दौरे पर सरयू आरती में आये तो उनसे माँ सरयू की आरती को दिव्य एवं भव्य बनाने की माँग की गयी जिसे उन्होंने

स्वीकार करते हुए जून 2017 से इस सरयू आरती को अनुदानित कर दिया। तभी से यह आरती वाराणसी के माँ गंगा की आरती के समान होने लगी। प्रतिदिन सायंकाल में होने वाली यह आरती अब दर्शनीय है। दूर-दूर से श्रद्धालु यहाँ सरयू पूजन एवं आरती देखने के लिए आते हैं। यहाँ प्रत्येक वर्ष ज्येष्ठ मास की पूर्णिमा को सरयू जयन्ती मनाई जाती है। यह आयोजन पंच दिवसीय होता है। स्थानीय पुजारी बताते हैं कि यहाँ पूर्णिमा के चार दिन पूर्व से ही भजन-कीर्तन एवं पूजन कार्य प्रारम्भ हो जाता है एवं पाँचवें दिन भव्य रूप से सरयू जी की जयन्ती मनाई जाती है।

तुलसी विवाह

कार्तिक शुक्ल एकादशी को और कहीं-कहीं कृष्ण एकादशी को तुलसी विवाह मनाया जाता है। इस दिन हरिप्रिया तुलसी जी का विवाह शालिग्राम भगवान से किया जाता है। तुलसी को वधू की तरह से सजाया जाता है। एक सौ आठ परिक्रमा करके भोग, पकवान चढ़ाकर चौक पूरा जाता है।

लोक अनुष्ठान : भित्ति एवं भूमि आलेखन परम्परा

उत्तर प्रदेश की लोक संस्कृतियों में अवध लोक संस्कृति का एक महत्त्वपूर्ण स्थान है। यद्यपि अयोध्या आजमगढ़ और गोरखपुर के क़रीब होने के कारण भोजपुर लोक संस्कृतियों से भी प्रभावित है, परन्तु इसकी मूल लोक संस्कृति अवधी ही है। अवध में प्रचलित भूमि एवं भित्ति आलेखन परम्परा, अयोध्या की 'लोक संस्कृति' पृष्ठभूमि में निम्नानुसार है:–

होली की दूज

जिस प्रकार दिवाली के बाद द्वितीया को भैया दूज होता है, कुछ उसी प्रकार होली के बाद चैत्र कृष्ण पक्ष की दूज को अयोध्या के कुछ घरानों में कुलरीति के अनुसार बहन भाई को टीका करती है। इस त्योहार में एक मंगल चौक और कुछ मांगलिक चिह्न बनाये जाते हैं। पूजा के उपरान्त भाई को उसी चौक पर बैठाकर बहन गुलाल से रोचना करती है। इस दिन प्रवेश द्वार के नीचे गोबर से चौकोर वेदी लीपकर चार पुतलियाँ चारों कोनों पर बनाई जाती हैं। बीच में एक पुतली बनती है। गृहस्थी के उपकरण भी उनमें बनाये जाते हैं।

अक्षय तृतीया

यह प्राचीन पर्व वैशाख शुक्ल तृतीया को मनाया जाता है। इस दिन को सतयुग और त्रेतायुग के प्रारम्भ का दिवस और परशुराम जी की जयन्ती मनाते हैं। इस दिन ठाकुर जी में चन्दन चौक डाली जाती है, जो आटे या ऐपन से रखी वैष्णव घरों में भगवान विष्णु की पूजा आरती होती है। इस दिन भगवान को विशेष रूप से चन्दन चढ़ाने की प्रथा है।

वट सावित्री पूजा और हरछठ

जेठ मास की अमावस्या को लगभग सम्पूर्ण अयोध्या/अवध में वट सावित्री पर्व मनाया जाता है। वट वृक्ष हमारी संस्कृति का प्रबल प्रतीक है। इसमें ब्रह्मा, विष्णु, महेश तीनों का निवास माना जाता है। सुहागिन स्त्रियाँ सावित्री के सम्मान में तथा अक्षय सुहाग की कामना के लिए यह व्रत पूजन करती हैं और बरगद के वृक्ष के फेरे लगाती हैं। जिस स्थान पर बरगद के वृक्ष नहीं मिल पाते वहाँ पुरुष स्थानीय बाज़ारों से बरगद की टहनियाँ लाते हैं और उसे लाकर एक गमले में रोप देते हैं जिसके चारों ओर बैठकर औरतें पूजा करती हैं।

देवउत्थान एकादशी (देवोत्थान एकादशी)

लोक शिल्प : रामलला की मूर्ति

लोक शिल्प : रामलला की मूर्ति, लकड़ी की चट्टी, खड़ाऊँ, लकड़ी के चौके, बेलन, मिट्टी की चिलम आदि

अयोध्या एक धार्मिक नगरी है जिसमें पूजा-पाठ एवं अन्य कर्मकाण्डों पर आधारित वस्तुओं का विपणन मुख्यतः होता है। कर्मकाण्डों से सम्बन्धित समस्त वस्तुएँ अयोध्या में बहुतायत से प्राप्त होती हैं और इनकी दुकानों की शोभा लकड़ी की चट्टी, खड़ाऊँ, लकड़ी के चौके, बेलन, मिट्टी की चिलम आदि से होती है। इनकी बिक्री भी यहाँ पर ख़ूब होती है।

अष्टधातु विग्रह

भगवान के पारम्परिक स्वरूप की प्रतिमा निर्माण हेतु साधारण मोम, मधुमक्खी के छत्ते की मोम, करायल, तीनों के चूर्ण मिश्रण को गर्म करके मोम तैयार किया जाता है। इस मोम से मूर्तिकार प्रतिमा का स्वरूप तैयार करता है। इस मोम से आभूषग, केश, आँखें, हाथ, पैर, व शरीर के अन्य भाग निर्मित किये जाते हैं। पूर्ण रूप से मोम से स्वरूप तैयार होने पर उसके ऊपर तीन बार मिट्टी का लेपन कर मोम को मिट्टी से ढक दिया जाता है। इस मिट्टी में मूर्ति के पैर की तरफ़ दो छेद बना दिये जाते हैं। मिट्टी लेपन पौन इंच या एक इंच तक किया जाता है।

मिट्टी के सूख जाने के बाद आग में मिट्टी को पकाया जाता है। गर्म होने से मोम बहकर बाहर आ जाता है। मिट्टी के पक जाने पर तैयार साँचे में पिघली अष्ट धातु को डाला जाता है। अष्ट धातु को

तीन परत मिट्टी की कड़ाही में कोक भट्ठी में गलाया जाता है। अष्ट धातुएँ निम्नलिखित हैं– ताँबा, जस्ता, राँगा, शीशा, सोना, चाँदी, पारा का चूर्ण और लोहा।

अष्ट धातुओं में ताँबा और जस्ता मुख्य रूप से रहता है। साँचे में अष्ट धातुओं को पिघली अवस्था में डालकर ठण्डा होने पर मिट्टी का साँचा तोड़ा जाता है। मोम के स्थान से निकली प्रतिमा को छेनी, रेती से साफ़ व सुडौल किया जाता है। बाद में महीन रेती से घिसकर उसे आकर्षक स्वरूप प्रदान किया जाता है। रेती से घिसाई के उपरान्त मैटल पालिश कर चमक प्रदान की जाती है। प्रतिमा को गर्म करके शंख से निर्मित आँख चपड़े से चिपकाई जाती है और गर्म प्रतिमा में प्राकृतिक रंगों को चपड़े में मिलाकर प्रतिमा की रँगाई की जाती है।

उक्त कार्यों के बाद पुनः मैटल पालिश कर कपड़े से रगड़कर चमक लायी जाती है। प्रत्येक प्रतिमा के निर्माण में उक्त प्रक्रिया की जाती है। इन प्रतिमाओं के स्टैंड अलग से तैयार कर प्रतिमा उसमें फिट कर बिक्री के लिए रखी जाती है। यह कला पूर्ण रूप से पारम्परिक हस्तशिल्प पर आधारित प्राकृतिक सामानों से बनाई जाती है। इन प्रतिमाओं को तैयार करने में बहुत अधिक समय व परिश्रम लगता है।

श्री रामजी मार्बल मूर्ति कला केंद्र

प्रशासनिक एवं जनसुविधाएँ

अयोध्या जनपद एक नज़र में

क्षेत्रफल — 2522 वर्ग कि.मी.
जनसंख्या — 24,70,996
भाषा — अवधी
गाँव — 1,272
पुरुष — 12,59,628
महिला — 12,11,368

प्रशासनिक जानकारियाँ

	नाम	कार्यालय	आवास
1	आयुक्त अयोध्या मण्डल	05278 - 222309	05278 - 222310, 224242
2	ज़िलाधिकारी, अयोध्या	05278 - 224202	05278 - 222330, 222221, 224205
3	उप-महानिरीक्षक पुलिस, अयोध्या परिक्षेत्र	05278 - 224247	05278 - 224248
4	वरिष्ठ पुलिस अधीक्षक, अयोध्या	05278 - 224214	05278 - 224248
5	ज़िला सूचना अधिकारी	05278 - 220669	05278 - 224666
6	क्षेत्रीय पर्यटन अधिकारी	05278 - 223214	—
7	निदेशक, अयोध्या संस्थान	9565915634	—

चिकित्सा सुविधाएँ

1. ज़िला अस्पताल — 05278 - 222995
2. ज़िला महिला अस्पताल — रिकाबगंज, अयोध्या — 05278 - 224685
3. ज़िला पशु चिकित्सा अस्पताल — ज़िला स्टेडियम के सामने, मुहल्ला
4. श्रीराम अस्पताल अयोध्या — अयोध्या जी — 05278 - 234149
5. कुष्ठ मिशन अस्पताल — मसौधा, अयोध्या — 9935933849
6. डॉ. ब्रज किशोर होम्योपैथी मेडिकल कॉलेज और अस्पताल — देवकाली, अयोध्या — 05278 - 242212

बैंक

1. भारतीय स्टेट बैंक, शृंगार घाट, अयोध्या — 05278 - 232053
2. बैंक ऑफ़ बड़ौदा, तुलसी उद्यान, अयोध्या — 05278 - 232048

3. सेंट्रल बैंक ऑफ़ इंडिया, शृंगार घाट, अयोध्या – 05278 - 232084
4. पंजाब नेशनल बैंक, वासुदेव घाट, अयोध्या – 05278 - 232345
5. यूको बैंक, महाराजा इंटर कालेज, अयोध्या – 05278 - 232663

पोस्ट ऑफ़िस

1. प्रधान डाकघर, कैंट, अयोध्या – 05278 - 222941
2. उप डाकघर, शृंगार घाट, अयोध्या – 05278 - 232025

यात्री सुविधाएँ

1. रेलवे आरक्षण, फ़ैज़ाबाद जंक्शन – 05278 - 222355
2. बस स्टेशन, अयोध्या डिपो – 05278 - 222964

होटल एवं धर्मशालाएँ

बिरला धर्मशाला

श्रीराम अस्पताल चौराहा, अयोध्या
अयोध्या जंक्शन से दूरी–600 मी.
फ़ैज़ाबाद जंक्शन से दूरी–9 किमी.
9935224897

रामप्रस्थ होटल

रामकथा पार्क, नयाघाट, अयोध्या
अयोध्या जंक्शन से दूरी–3 किमी.
फ़ैज़ाबाद जंक्शन से दूरी–11 किमी.
7839137323

श्रीराम होटल

दंतधावन कुण्ड, अयोध्या
अयोध्या जंक्शन से दूरी–900 मी.
फ़ैज़ाबाद जंक्शन से दूरी–9 किमी.
9415140674

साकेत होटल

प्रोफ़ेसर कॉलोनी, अयोध्या
अयोध्या जंक्शन से दूरी–300 मी.
फ़ैज़ाबाद जंक्शन से दूरी–9 किमी.
9559870573

होटल सूर्या पैलेस

अयोध्या बाईपास, अयोध्या
अयोध्या जंक्शन से दूरी–5 किमी.
फ़ैज़ाबाद जंक्शन से दूरी–14 किमी.
9838771777

कृष्णा पैलेस

पुष्पराज चौराहा, सिविल लाइन
अयोध्या जंक्शन से दूरी–8 किमी.
फ़ैज़ाबाद जंक्शन से दूरी–850 मी.
7947122597

कोहिनूर पैलेस

वैदेही नगर कॉलोनी
अयोध्या जंक्शन से दूरी–6 किमी.
फ़ैज़ाबाद जंक्शन से दूरी–4 किमी.
9873122631

शान-ए-अवध

सिविल लाइन, फ़ैज़ाबाद
अयोध्या जंक्शन से दूरी–7 किमी.
फ़ैज़ाबाद जंक्शन से दूरी–1.5 किमी.
05278222075

तिरुपति होटल

सिविल लाइन, फ़ैज़ाबाद
अयोध्या जंक्शन से दूरी–7 किमी.
फ़ैज़ाबाद जंक्शन से दूरी–1.5 किमी.
05278 - 223231

आभा होटल

मोतीबाग, सुभाष नगर
अयोध्या जंक्शन से दूरी–6 किमी.
फ़ैज़ाबाद जंक्शन से दूरी–3 किमी.
9532485400

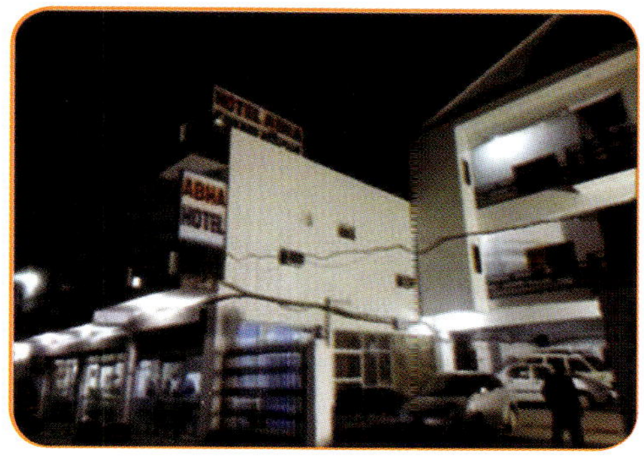

तारा जी रिसॉर्ट

देवकली बाईपास
अयोध्या जंक्शन से दूरी–7 किमी.
फ़ैज़ाबाद जंक्शन से दूरी–7 किमी.
7311160000

बेदी ड्रीम लैंड

महेश्वरपुर-एनएच 28
अयोध्या जंक्शन से दूरी–10 किमी.
फ़ैज़ाबाद जंक्शन से दूरी–18 किमी.
8400334035

होटल पंचशील

देवकाली बाईपास
अयोध्या जंक्शन से दूरी–5.5 किमी.
फ़ैज़ाबाद जंक्शन से दूरी–5 किमी.
7706829463

शैक्षणिक संस्थान

विश्वविद्यालय

1. डॉ. राम मनोहर लोहिया अवध विश्वविद्यालय—नाका बाईपास, अयोध्या
2. नरेन्द्र देव विश्वविद्यालय—कुमारगंज, फ़ैज़ाबाद, अयोध्या

महाविद्यालय

1. के.एस. साकेत पी. जी. कॉलेज, अयोध्या

अयोध्या के संस्कृत विद्यालय एवं महाविद्यालय

संस्कृत उच्चतर माध्यमिक विद्यालय

1. सार्वभौम संस्कृत उच्चतर माध्यमिक विद्यालय
   श्री मणिराम दास छावनी, अयोध्या
2. जगत्‌गुरु रामानन्दाचार्य संस्कृत उच्चतर माध्यमिक विद्यालय
   रामानन्द नगर, अयोध्या
3. श्री रामानुज वेदान्त संस्कृत उच्चतर माध्यमिक विद्यालय
   राज सभा, रामकोट, अयोध्या
4. श्री नारायण संस्कृत उच्चतर माध्यमिक विद्यालय
   रानोपाली, अयोध्या
5. आचार्य देशभूषण दिगम्बर जैन गुरुकुल संस्कृत उच्चतर माध्यमिक विद्यालय
   जैन मन्दिर, कटरा, अयोध्या
6. श्री भागवत संस्कृत उच्चतर माध्यमिक विद्यालय
   रूसी मन्दिर, नया घाट, अयोध्या
7. गायत्री ब्रह्मचर्याश्रम संस्कृत उच्चतर माध्यमिक विद्यालय
   वशिष्ठ कुण्ड, अयोध्या
8. श्रीराम चरण संस्कृत उच्चतर माध्यमिक विद्यालय
   रामघाट, अयोध्या
9. श्री हयग्रीव रामानुज संस्कृत उच्चतर माध्यमिक विद्यालय
   हनुमान कुण्ड, खटला, अयोध्या
10. श्री उमापति संस्कृत उच्चतर माध्यमिक विद्यालय
    श्री मीरापुर, अयोध्या
11. डेडराज संस्कृत उच्चतर माध्यमिक विद्यालय
    नारायण आश्रम, नयाघाट, अयोध्या

12. रघुवर संस्कृत उच्चतर माध्यमिक विद्यालय
स्वर्गद्वार, अयोध्या
13. श्रीनिवास बोधायन रामानुज संस्कृत उच्चतर माध्यमिक विद्यालय
उत्तर तोतादिमठ, विभीषण कुण्ड, अयोध्या
14. श्री गोवर्धन संस्कृत उच्चतर माध्यमिक विद्यालय
जैन मन्दिर के सामने, कटरा, अयोध्या
15. श्री वीर राघव संस्कृत उच्चतर माध्यमिक विद्यालय
तुलसी नगर, अयोध्या
16. वैदिकादर्श संस्कृत उच्चतर माध्यमिक विद्यालय
सरयू बाग, दर्शन नगर मार्ग, हलकारा पुरवा, अयोध्या
17. अनादिब्रह्मम् संस्कृत उच्चतर माध्यमिक विद्यालय
अशर्फी भवन, कटरा, अयोध्या
18. राजगोपाल संस्कृत उच्चतर माध्यमिक विद्यालय
शास्त्री नगर, अयोध्या
19. त्रिदण्डी देव संस्कृत उच्चतर माध्यमिक विद्यालय
कोशलेश सदन, कटरा, अयोध्या

स्नातकोत्तर महाविद्यालय

1. **नाम** : राजगोपाल संस्कृत महाविद्यालय
पता : शास्त्री नगर, निकट देवकाली मन्दिर, अयोध्या
दूरभाष : 05278-232042
स्थापना वर्ष : 1912
संस्थापक : महन्त श्री गोपालदास महाराज
सम्बद्धता व मान्यता : सम्पूर्णानन्द संस्कृत विश्वविद्यालय, वाराणसी

2. **नाम** : श्री निःशुल्क गुरुकुल संस्कृत महाविद्यालय
पता : जालपा मन्दिर के सामने, परिक्रमा तिराहा, अयोध्या
दूरभाष : 9648409250
स्थापना वर्ष : 1928
संस्थापक : आचार्य स्वामी त्यागानन्द जी सरस्वती
सम्बद्धता व मान्यता : सम्पूर्णानन्द संस्कृत विश्वविद्यालय, वाराणसी

3.	**नाम**	:	त्रिदण्डी देव संस्कृत महाविद्यालय
	पता	:	श्री कोशलेश सदन, कटरा, अयोध्या
	दूरभाष	:	7275363300
	स्थापना वर्ष	:	1965
	संस्थापक	:	स्वामी श्री रामनारायणाचार्य जी महाराज
	सम्बद्धता व मान्यता	:	सम्पूर्णानन्द संस्कृत विश्वविद्यालय, वाराणसी
4.	**नाम**	:	श्रीनिवास बोधायन संस्कृत महाविद्यालय
	पता	:	उत्तर तोतादिमठ, विभीषण कुण्ड मार्ग, रामकोट, अयोध्या
	दूरभाष	:	05278-233479
	स्थापना वर्ष	:	1944
	संस्थापक	:	श्री स्वामी सुदर्शनाचार्य जी महाराज
	सम्बद्धता व मान्यता	:	सम्पूर्णानन्द संस्कृत विश्वविद्यालय, वाराणसी
5.	**नाम**	:	श्री हनुमत संस्कृत महाविद्यालय
	पता	:	श्री हनुमान गढ़ी परिसर, निर्वाणी अखाड़ा शृंगार हाट, अयोध्या
	दूरभाष	:	8299543288
	स्थापना वर्ष	:	1956
	सम्बद्धता व मान्यता	:	सम्पूर्णानन्द संस्कृत विश्वविद्यालय, वाराणसी
6.	**नाम**	:	श्री बालमुकुन्द महादेशिक संस्कृत महाविद्यालय
	पता	:	स्वर्गद्वार, रामकोट, अयोध्या
	संस्थापक	:	श्री स्वामी बालमुकुन्दाचार्य जी महाराज
	सम्बद्धता व मान्यता	:	सम्पूर्णानन्द संस्कृत विश्वविद्यालय, वाराणसी
7.	**नाम**	:	श्री योगीराज श्रीराम संस्कृत महाविद्यालय
	पता	:	श्री गोपाल मन्दिर, रामघाट, अयोध्या
	दूरभाष	:	945542816, 8934878137
	स्थापना वर्ष	:	1955
	संस्थापक	:	योगीराज सियाराम जी महाराज
	सम्बद्धता व मान्यता	:	सम्पूर्णानन्द संस्कृत विश्वविद्यालय, वाराणसी

8. **नाम** : रूपकला संस्कृत विद्यापीठ महाविद्यालय
पता : दिव्य कला मन्दिर, नयाघाट, अयोध्या
दूरभाष : 05278-232096
स्थापना वर्ष : 1961
संस्थापक : स्वामी श्री दिव्यकला जी महाराज
सम्बद्धता व मान्यता : सम्पूर्णानन्द संस्कृत विश्वविद्यालय, वाराणसी

9. **नाम** : श्री सन्दर्भ विवर्धिनी संस्कृत महाविद्यालय
पता : वेदान्ती जी का मन्दिर, जानकी घाट, अयोध्या
दूरभाष : 9415772980
स्थापना वर्ष : 1920
संस्थापक : श्री स्वामी सुदर्शनाचार्य जी महाराज
सम्बद्धता व मान्यता : सम्पूर्णानन्द संस्कृत विश्वविद्यालय, वाराणसी

10. **नाम** : श्री वैदिकादर्श स्नातकोत्तर संस्कृत महाविद्यालय
पता : पंचकोशी परिक्रमा मार्ग, सरयूबाग, अयोध्या
दूरभाष : 9336141390, 6388188941
स्थापना वर्ष : 1925
संस्थापक : स्व. श्री गुरुचरण लाल जी स्वामी दयानन्द सरस्वती
सम्बद्धता व मान्यता : सम्पूर्णानन्द संस्कृत विश्वविद्यालय, वाराणसी

संग्रहालय/पुस्तकालय

1. तुलसी स्मारक भवन (संग्रहालय, पुस्तकालय), अयोध्या
2. रामकथा संग्रहालय, नयाघाट (संग्रहालय), अयोध्या
3. श्रीराम ग्रन्थागार, मणिपर्वत (पुस्तकालय), अयोध्या
4. श्री वाल्मीकि रामायण भवन, श्री मणिरामदास छावनी (पुस्तकालय), अयोध्या
5. ज़िला पुस्तकालय, सिविल लाइन, अयोध्या

खण्ड दो

संस्थान : एक परिचय

अयोध्या शोध संस्थान : सामान्य परिचय

अयोध्या शोध संस्थान की स्थापना संस्कृति विभाग उत्तर प्रदेश शासन द्वारा ऐतिहासिक तुलसी स्मारक भवन, अयोध्या में 18 अगस्त, 1986 को की गयी। यह संस्कृति विभाग की स्वायत्तशासी संस्था है।
वस्तुतः अयोध्या की पावन भूमि सरयू के तट पर स्थित रामघाट के निकट गोस्वामी तुलसीदास जी ने संवत् 1631 की नवमी तिथि भौमवार को श्री रामचरितमानस की रचना प्रारम्भ की।

संवत् सोलह सौ इकतीसा, करौं कथा हरिपद धरि सीसा।
नौमि भौमवार मधुमासा, अवध पुरी यह चरित प्रकाशा।।

मानस की रचना प्रारम्भ करने के उपरान्त गोस्वामी तुलसीदास जी काशी चले गये और वहीं पर निवास करने लगे जिसके परिणामस्वरूप यह स्थान रिक्त था। गोस्वामी तुलसीदास जी की स्मृति में तुलसी स्मारक भवन के निर्माण की माँग शासन से की गयी। तत्कालीन महामहिम राज्यपाल श्री विश्वनाथ दास ने अयोध्या के सन्तों की माँग का सम्मान करते हुए राजाज्ञा संख्या- 4750/4-5 48/63 दिनांक 7 दिसम्बर, 1965 द्वारा 522300.00 रुपये अवमुक्त किया। दन्तधावन कुण्ड के महन्त भगवानदास अचारी ने शासन को भवन निर्माण हेतु भूमि हस्तगत कर दी। वर्ष 1969 में लोक निर्माण विभाग, फ़ैज़ाबाद के प्रान्तीय खण्ड ने भवन निर्माण कराया।

इस भवन में 46×94 फ़ीट के दो हाल तथा 22 कक्ष निर्मित हैं। इस निर्मित भवन के संचालन हेतु प्रबन्धकारिणी समिति का गठन किया गया। 18 अगस्त, 1986 को प्रबन्धकारिणी समिति को भंग कर के इस भवन में अयोध्या शोध संस्थान की स्थापना हुई और उसकी चल-अचल परिसम्पत्तियाँ अयोध्या शोध संस्थान के नियन्त्रण में कर दी गयीं। उस समय से इस भवन में शोध सम्बन्धित गतिविधियों को गतिशीलता प्राप्त हुई और यहाँ एक प्रेक्षागृह भी बनाया गया जिसमें लगभग 400 व्यक्तियों के बैठने की व्यवस्था हुई। इस भवन में तुलसीदास जी की स्मृति को सँजोए रखने हेतु उनकी रामायण लेखन मुद्रा में सुन्दर प्रतिमा स्थापित की गयी है।

स्थापना

प्रमुख उद्देश्य

- सामान्य रूप से अवध और विशिष्ट रूप से अयोध्या की कला, संस्कृति, साहित्य, लोक साहित्य, इतिहास और परम्पराओं की पाण्डुलिपियों तथा वस्तुओं और शिल्प तथ्यों का संग्रह, संरक्षण और अध्ययन करना।
- अवध की सांस्कृतिक विरासत से सम्बन्धित नष्ट और विलुप्त हो रही पुरालेखीय सामग्री को सुरक्षित रखना।
- अवध की भारतीय विद्या, कला, संस्कृति और इतिहास में विशेष रुप से अयोध्या रामायण और तुलसीदास के साहित्य और दर्शन से सम्बन्धित शोध कार्य को प्रोत्साहन देना और पूरा करना।
- सामाजिक, धार्मिक, साहित्यिक, कलात्मक और ऐतिहासिक महत्त्व की पाण्डुलिपियों को लिखने की सामग्री और अन्य वस्तुओं का उनके उन्नयन संरक्षण और अध्ययन हेतु एक संग्रहालय स्थापित करना।
- वैष्णव भक्ति, भक्ति आन्दोलन, कला संस्कृति और सम्बद्ध भाषाओं और भारतीय विद्या से सम्बन्धित अन्य विषयों में विशेष रूप से अवध और राम की दंतकथा के सन्दर्भ में शोध कार्य करना और स्नातकोत्तर अध्ययन संचालित कराना।
- महत्त्वपूर्ण मूल पाठों की सूचियों, आलोचनात्मक संस्करण और अनुवादों तथा शोध कार्यों के परिणामों को प्रकाशित कराना तथा अन्य उपयोगी प्रकाशनों को प्रकाशित कराना। इस हेतु भारत और विदेश के विश्वविद्यालयों, संग्रहालयों, पुस्तकालय और अन्य शिक्षण संस्थाओं से सहयोग व सम्पर्क करके कार्य सम्पादन।
- व्याख्यानों, संगोष्ठियों, उत्सवों, सम्मेलनों और अन्य शैक्षिक तथा सांस्कृतिक क्रिया-कलापों का आयोजन करना तथा इस सोसाइटी के उद्देश्यों से सम्बन्धित क्रिया-कलापों में लगे हुए शोध छात्रों और लेखकों को आर्थिक रूप से शासकीय सहयोग और पुरस्कार प्रदान करना।
- धन, वस्तु या सम्पत्ति के रूप में अनुदानों, चन्दों, उपहारों, अंशदानों को स्वीकार करना।

उपलब्धियाँ/योजनाएँ/गतिविधियाँ

अयोध्या शोध संस्थान सम्पूर्ण विश्व का एकमात्र ऐसा संस्थान है जिसके द्वारा एक ही विषय पर सबसे अधिक पुस्तकें, पत्रिकाएँ, शोध ग्रन्थ, पाण्डुलिपि आदि का संग्रह किया गया है एवं किया जा रहा है। संस्थान द्वारा अबतक लगभग 250 पुस्तकें प्रकाशित की जा चुकी हैं।

कोरोना काल में जहाँ सम्पूर्ण कार्य स्थगित थे उस काल में भी संस्थान द्वारा विश्व के कई देशों के बच्चों को ऑनलाइन (वीडियो कॉन्फ्रेंसिंग) के माध्यम से रामलीला की ट्रेनिंग दी गयी एवं 7 देशों में रामायण का पाठ कराया गया।

संस्थान समय-समय पर अनेक संगोष्ठी एवं व्याख्यानों का आयोजन करता है जिसके माध्यम से चर्चा में अनेक नवीन विषय निकल कर आते हैं। संस्थान उन विषयों पर शोध परियोजनाओं हेतु कार्य करता है एवं कार्य करने वालों का सहयोग भी करता है।

संस्थान द्वारा वर्ष भर अनेक विशेष तिथियों पर चित्र कार्यशाला एवं प्रदर्शनी आदि का आयोजन भी किया जाता है। इसमें प्रतिभागियों को प्रोत्साहन हेतु संस्थान पुरस्कृत भी करता है।

संस्थान के ऊपरी तल पर 5 जुलाई, 1988 से कई वर्षों तक प्रत्येक मंगलवार को रामलीला का मंचन रामायण वीडियो का प्रदर्शन भी कराया गया है।

संस्थान के भवन में विश्व की एकमात्र अनवरत चलने वाली रामलीला फिलहाल स्थगित है।

12
11
10
9

भावी योजनाएँ

संस्थान के उद्देश्यों के अन्तर्गत शोध प्रबन्धों, व्याख्यानों, मौलिक शोध कार्यों तथा हस्तलिपियों, आलोचनात्मक ग्रन्थों तथा अनुवाद आदि का प्रकाशन हेतु लागत मूल्य का 50 प्रतिशत अथवा रु. बीस हज़ार जो भी कम हो, प्रकाशन अनुदान स्वीकृत किये जाने का प्राविधान है। प्रकाशित ग्रन्थ की 50 प्रतियाँ संस्थान को निःशुल्क प्रदान करनी होती हैं और संस्थान प्रकाशित ग्रन्थ की 50 प्रतियों को लागत मूल्य पर क्रय करने का भी अधिकार रखता है।

इसके साथ संस्थान द्वारा अनेक शोध परियोजनाओं का संचालन किया जाता है जिसमें निर्धारित विषयों पर कार्य करने हेतु मासिक अनुदान, यात्रा एवं अध्ययन अनुदान, जूनियर फेलोशिप, सीनियर फेलोशिप आदि शामिल है।

इसके साथ ही संस्थान के भवन में संचालित पुस्तकालय एवं संग्रहालय हेतु आवश्यक सामग्रियों का संग्रह संस्थान निरन्तर करता रहता है।

वर्तमान में संस्थान के निदेशक श्री योगेन्द्र प्रताप सिंह जी की अध्यक्षता में ग्लोबल इनसाइक्लोपीडिया ऑफ़ रामायण (रामायण विश्वकोश) तैयार किया जा रहा है।

खण्ड तीन

अयोध्या तीर्थ विवेचनी सभा

अयोध्या तीर्थ विवेचनी सभा

अयोध्या शोध संस्थान से प्रकाशित एक लेख के अनुसार (संवत् 1955) सन् 1898 में बड़ी जगह के महन्त राममनोहर प्रसाद जी ने अयोध्या के प्रमुख तीर्थ-स्थलों पर प्रतीक के लिए उनके नामों के पत्थर लगवाने आरम्भ किये तो प्रथम स्थल श्री रामजन्मभूमि ही था परन्तु वहाँ पर विवादित ढाँचा होने के कारण मुसलमानों ने आपत्ति की और विवाद हुआ और यह विवाद न्यायालय तक पहुँच गया। लगातार तीन वर्षों तक चले इस मुक़दमे के बाद (संवत् 1994) सन् 1902 में फ़ैज़ाबाद के विद्वान न्यायाधीश एडवर्ड ने एक 'एडवर्ड अयोध्या तीर्थ विवेचनो सभा' का गठन किया और सभा के प्रमुख निर्देशक के रूप में महन्त राममनोहर प्रसाद जी को नियुक्त किया और सभा को अयोध्या के आसपास के सभी तीर्थ-स्थलों की विवेचना करने का निर्देश दिया। महन्त जी ने विवेचना के पश्चात् सभा और 'रुद्रयामल ग्रन्थ' को आधार मानकर शिलापट्ट लगवाना आरम्भ किया। आज भी आप शिला संख्या 9 जो कि रामदुर्ग पर लगा है उस शिला पर 'एडवर्ड अयोध्या तीर्थ विवेचनी सभा' (संवत् 1959) सन् 1902 एवं कुल शिलाओं की संख्या जो कि 148 है, अंकित है। सभा ने शिलाओं को लगवाने के साथ भविष्य में उसकी सुरक्षा के लिए शिलाओं से छेड़-छाड़ करने, तोड़ने या उखाड़ने पर तीन हज़ार रुपये जुर्माना अथवा तीन साल तक की जेल की सज़ा को भी तय किया।

1. श्री रामजन्मभूमि

पता – श्री रामजन्मभूमि, अयोध्या, उत्तर प्रदेश।

शिलालेख – यह श्री रामलला जी विराजमान से पूर्व दिशा में है।

किंवदन्ती – अयोध्या माहात्म्य के अनुसार प्रभु श्रीराम की जन्मभूमि का दर्शन चैत्र मास शुक्ल पक्ष नवमी को अवश्य करना चाहिए। पौराणिक ग्रन्थों में इसी दिन को प्रभु श्रीराम की जन्मतिथि माना गया है। यह स्थान बिना दान, बिना तप, बिना यज्ञ किये ही चतुर्भुज फल देने में दक्ष है।

मान्यता – यह स्थान कौशल्या भवन के रूप में भी जाना जाता है। मान्यता रही है कि यह स्थान कौशल्या जी का भवन था जिसमें रामलला का जन्म हुआ जो बाद में चल कर रामजन्मभूमि के नाम से विख्यात हुआ।

2. लोमेश मुनि जी (रामगुलेला)

पता – यह स्थान दशरथ महल से रामजन्मभूमि जाने वाले मार्ग पर लगभग 200 मीटर आगे बायीं ओर स्थित है।

शिलालेख – यह रामगुलेला मन्दिर के मुख्य द्वार के पश्चिम में है।

किंवदन्ती – पौराणिक मान्यताओं के अनुसार लोमश मुनि अत्यन्त ज्ञानवान ऋषि थे। वह अपने काल में तीनों लोकों में चिरजीवी लोगों में सर्वश्रेष्ठ थे। एक बार इनकी तपस्या से प्रसन्न होकर भगवान शिव ने इनसे वरदान माँगने को कहा जब मुनिश्रेष्ठ लोमश जी ने अमरत्व एवं अजरत्व की याचना की। तब शंकर जी मुस्कुराते हुए बोले– जो नाम और रूप धारण करता है, ऐसा देहधारी प्राणी सर्वथा अजर-अमर नहीं हो सकता। इसलिए तुम भी अपने जीवन की कोई सीमा निश्चित करो। तब लोमश जी ने बड़े चतुराईपूर्वक कहा कि मेरे शरीर के अन्दर जितने रोम हैं वे क्रमशः एक-एक करके जब झड़ जायें तब मेरी मृत्यु हो और मेरा एक रोम एक कल्प के अन्त हो जाने पर झड़े। तब भगवान शिव ने तथास्तु कह दिया। रामचरितमानस के मर्मज्ञ तो शिवजी के बाद भी श्री लोमश मुनि जी को ही वक्ताओं में श्रेष्ठ मानते हैं क्योंकि शिवजी ने सर्वप्रथम स्वरचित रामकथा को अपने प्रिय शिष्य लोमश जी को ही प्रदान किया था। वह लिखते हैं–

रामचरित सर गुप्त सुहावा।
शम्भू प्रसाद तात मैं पावा।।

मान्यता – मान्यताओं के अनुसार महाभारत वन पर्व में इन्होंने धर्मराज युधिष्ठिर को कथा सुनाई थी जब अर्जुन दिव्यास्त्रों की शिक्षा हेतु स्वर्ग लोक गये थे तब वहाँ देवराज इन्द्र की सभा में लोमश जी मिले। वह इन्द्र से मिलने आये थे। तब इन्द्र ने लोमश जी से प्रार्थना की थी कि अर्जुन के बिना धर्मराज युधिष्ठिर अत्यन्त शोकातुर रहते हैं अतः उन्हें तीर्थ यात्रा करा कर उनका शोक दूर करिये। तीर्थों का भ्रमण कराते हुए लोभश जी अयोध्या धाम के श्री गोप्तार घाट पर ठहरे थे, और यहीं रामकथा सुनाई। पद्मपुराण में विचित्र रूप से रामकथा का प्रवचन किया जाना मिलता है।

वर्तमान स्थिति – वर्तमान में मन्दिर की स्थिति उत्कृष्ट है। मन्दिर के गर्भ गृह में राम दरबार के साथ लोमेश मुनि जी की प्राचीन प्रतिमा स्थापित है।

प्राचीन मन्दिर
श्री राम गुलेला मन्दिर व लोमश मुनि आश्रम
म. शिव चरन दास
राम कोट अयोध्या

स्थानीय लोगों की राय – मन्दिर में कुछ स्थानीय साधुओं से बात करने से पता चला कि जन्मभूमि के इतने समीप होने के बाद भी यहाँ दर्शनार्थियों की संख्या बहुत कम है जिसका मुख्य कारण लोगों में जानकारी का अभाव है।

3. सीताकूप

पता – यह स्थान रामजन्मभूमि स्थल के अग्निकोण में स्थित है।

शिलालेख – शिलालेख रामजन्मभूमि परिसर में स्थित है।

किंवदन्ती – पौराणिक कथाओं में कहा जाता है कि इस कूप का जलपान करने से प्राणी विशुद्ध ज्ञान प्राप्त कर लेता है। इसी कारण इसे ज्ञानकूप भी कहा जाता है।

मान्यता – ऐसी मान्यता है कि यदि असाध्य रोगी इस जल का सेवन करे तो वह पूर्ण रूप से स्वस्थ हो जाता है। यह आस्था एवं विश्वास अभी भी व्याप्त है।

वर्तमान स्थिति – यह स्थान रामजन्मभूमि परिसर में होने के कारण आम जनों का प्रवेश यहाँ वर्जित है।

4. सुमित्रा भवन

पता – यह स्थान श्री रामजन्मभूमि से दक्षिण दिशा में स्थित है।

शिलालेख – रामजन्मभूमि परिसर।

किंवदन्ती – यह सर्व ज्ञात है माता सुमित्रा राजा दशरथ की तीन महारानियों में से एक थीं तथा लक्ष्मण एवं शत्रुघ्न जी की माता थीं।

मान्यता – मान्यता अनुसार यह माता सुमित्रा का भवन था।

वर्तमान स्थिति – समतलीकरण के दौरान इस स्थान को भी ध्वस्त किया गया था।

स्थानीय लोगों की राय – यह स्थान जन्मभूमि परिसर में होने के कारण यहाँ जाने की अनुमति नहीं है।

5. सीता रसोई

पता – यह मन्दिर रामजन्मभूमि के उत्तरी-पश्चिमी भाग में स्थित है।

शिलालेख – श्रीरामजन्मभूमि परिसर।

किंवदन्ती – ऐसी मान्यता है कि सीता माता ने इस रसोई में पंच ऋषियों को भोजन करवाया था, इसलिए माता सीता समस्त लोक की अन्नपूर्णा हैं।

वर्तमान स्थिति – इस मन्दिर में भगवान राम, लक्ष्मण, भरत और शत्रुघ्न व उन सभी की पत्नियों सीता, उर्मिला, माण्डवी और श्रुतकीर्ति की मूर्तियाँ लगी हुई हैं।

इस रसोई में प्रतीकात्मक रसोई के बर्तन रखे हैं जिनमें रोलिंग प्लेट या चकला और बेलन रखे हैं।

6. कैकेयी भवन

पता – हनुमान गढ़ी से रत्न सिंहासन की ओर जाने वाले मार्ग पर सीधे 550 मीटर आगे जाने पर दायीं ओर यह मन्दिर स्थित है।

शिलालेख – मन्दिर के मुख्य द्वार के बायीं ओर लगा हुआ है।

किंवदन्ती – यह सर्व ज्ञात है माता कैकेयी राजा दशरथ की तीन महारानियों में से एक थीं। माता कैकेयी राजा दशरथ की सबसे प्रिय रानी थीं तथा महाराज दशरथ के चार पुत्रों में से एक, भरत जी, की माता थीं। कैकेयी का सामान्य अर्थ होता है 'केकय देश की राजकुमारी'।

मान्यता – मान्यताओं के अनुसार यह स्थान माता कैकेयी का भवन था और भरत जी का जन्म इसी महल में हुआ था। वर्तमान में इस स्थान को वेदमन्दिर के नाम से जाना जाता है।

7. रत्न सिंहासन

पता – हनुमान गढ़ी से कनक भवन मन्दिर की ओर जाने वाले मार्ग पर सीधे 300 मीटर आगे जाने पर बायीं ओर यह मन्दिर स्थित है।

शिलालेख – यहाँ का शिलालेख सुरक्षित है। वर्तमान समय में मन्दिर के प्रवेश-द्वार का निर्माण-कार्य चल रहा है और शिलालेख को पुनः प्रवेश-द्वार पर स्थापित किया जायेगा।

किंवदन्ती – कल्प वृक्ष की छाया में अति मनोहर, उत्तम मरकत मणियों से बना हुआ, अनेक रत्नों से मणित, अपने चमक से अन्धकार को नाश करने वाला, चित्तहरण करनेवाला सिंहासन स्थित था।

यह स्थल वस्तुतः लंका विजय के उपरान्त श्रीराम के राज्याभिषेक का पुण्य-स्मृति स्थल है। इसी से इसे वर्तमान में राजगद्दी कहा जाता है।

मान्यता – महाराजा वीर श्री विक्रमादित्य जी ने इस स्थल का अपने वैभव के अनुरूप जीर्णोद्धार कराकर श्री सीता जी की प्रतिष्ठा की थी जो वर्तमान मन्दिर में अद्यावधि दर्शन दे रहे हैं। बाद में महाराजा रींवा नरेश श्री रघुराज सिंह देव जू ने अयोध्या पधारकर उक्त मन्दिर का जीर्णोद्धार कराया और उसकी सुचारु रूप से सेवा-पूजा के लिए कई ग्राम दिये थे।

8. कनक भवन

पता – यह स्थान हनुमान गढ़ी मन्दिर से रत्न सिंहासन की ओर 200 मीटर आगे जाने पर दाहिनी ओर है।

शिलालेख – यह शिलालेख मन्दिर परिसर के बाहर मुख्यद्वार के दक्षिण में एक गुमटी के पीछे लगा हुआ है।

किंवदन्ती – जब जानकी जी विवाह के पश्चात् अयोध्या आयीं, तो महारानी कैकेयी ने कनक निर्मित अपना महल जानकी जी को प्रथम भेंट स्वरूप प्रदान किया। प्रचलित कथाओं के अनुसार यह भवन सम्पूर्ण अयोध्या क्षेत्र के सबसे भव्य एवं सुन्दर महलों में से एक था। यह पूर्ण रूप से कनक यानी सोने से बना था। इसी कारण इसे कनक भवन कहा जाता है।

मान्यता – कनक भवन मन्दिर परिसर में ओरछा राजघराने द्वारा लगवाये गये एक शिलालेख के अनुसार, कनक भवन मन्दिर का कई बार जीर्णोद्धार कार्य किया गया। सर्वप्रथम कनक भवन त्रेतायुग में भगवान श्रीराम एवं माता सीता के रहने का सोने से मढ़ा हुआ महल था। द्वापर युग के आरम्भ में भगवान राम के ज्येष्ठ पुत्र महाराज कुश ने अपने पिताश्री की स्मृति में इसका पुनर्निर्माण कराया। द्वापर युग के मध्य में महाराज ऋषभदेव ने इसे फिर से बनवाया। द्वापर के अन्त में भगवान श्रीकृष्ण यहाँ पधारे थे। कलियुग में सर्वप्रथम महाराज विक्रमादित्य ने इसका निर्माण किया, फिर इसका विस्तार एवं मरम्मत महाराज समुद्रगुप्त ने विक्रम संवत् 444 में किया। दुर्भाग्यवश विक्रम संवत् 1084 में एस्. सालारजंग ने इसे ध्वस्त कर दिया।

वर्तमान भव्य कनक भवन मन्दिर का निर्माण एवं प्राण प्रतिष्ठा ओरछा राज्य के नरेश एच. एच. महाराज सवाई महेन्द्र कुँवर सर प्रताप सिंह जू देव, जी.सी.एस.आई., जी.सी.आई.ई. की धर्मपत्नी महारानी वृषभान कुँवर ने विक्रम संवत् 1948 (सन् 1891), बैशाख सुदी 6, गुरु पुष्य नक्षत्र में करवाया। मन्दिर के गर्भ गृह में भगवान श्रीराम एवं माता सीता की तीन जोड़ी मूर्तियाँ हैं। दर्शनार्थी भक्तों के दाहिने हाथ की तरफ़ पहली जोड़ी मूर्तियाँ महारानी वृषभान कुँवर द्वारा स्थापित की गयी हैं। दर्शनार्थी के बायें हाथ की तरफ़ वाली दूसरी जोड़ी मूर्तियाँ महाराज विक्रमादित्य के द्वारा स्थापित प्राचीन मन्दिर की हैं और इसके नीचे वाली तीसरी जोड़ी मूर्तियाँ भगवान श्रीकृष्ण द्वारा प्रतिष्ठित की गयी थीं।

ORCHHA

प्राचीन एवं आधुनिक पुरालेख
कनक भवन मन्दिर

"कनक भवन" त्रेतायुग में भगवान श्री राम एवं माता सीता का रहने का सोने से मढ़ा हुआ महल था। द्वापर युग के शुरू में भगवान राम के बड़े पुत्र महाराज कुश ने इसे अपने पिताश्री की स्मृति में पुनः निर्माण कराया। द्वापर युग के मध्य में महाराज ऋषभ देव ने इसे फिर से बनवाया। द्वापर के अन्त में भगवान श्री कृष्ण यहाँ पधारे थे।

कलियुग में सर्वप्रथम महाराज विक्रमादित्य ने इसका निर्माण युधिष्ठिर सम्वत् 2431 में किया। फिर इसका विस्तार एवं मरम्मत महाराज समुद्रगुप्त ने विक्रम सम्वत् 444 में किया। दुर्भाग्यवश विक्रम सम्वत् 1084 में एस॰ सालारजंग ने इसे ध्वस्त कर दिया।

वर्तमान भव्य 'कनक भवन मंदिर' का निर्माण एवं प्राण प्रतिष्ठा ओरछा राज्य के नरेश एच॰ एच॰ महाराज सवाई महेन्द्र सर प्रताप सिंह जू देव, जी॰सी॰एस॰आई॰, जी॰सी॰आई॰ई॰ की धर्मपत्नी महारानी वृषभान कुँवर ने विक्रम सम्वत् 1948 (सन् 1891), बैशाख सुदी 6, गुरु पुष्य नक्षत्र में करवाया। मंदिर के गर्भगृह में भगवान श्री राम एवं माता सीता की 3 जोड़ी मूर्तियाँ हैं। दर्शनार्थी भक्त के दाहिने हाथ की तरफ वाली पहली जोड़ी मूर्तियाँ महारानी वृषभान कुँवर द्वारा स्थापित की गई हैं; दर्शनार्थी के बाएँ हाथ की तरफ वाली दूसरी जोड़ी मूर्तियाँ महाराज विक्रमादित्य के द्वारा स्थापित प्राचीन मंदिर की हैं, और इसके नीचे वाली तीसरी जोड़ी मूर्तियाँ भगवान श्री कृष्ण द्वारा प्रतिष्ठित की गई थीं।

यह शिलालेख रामनवमी, 13 अप्रैल, 2019 के दिन श्री वृषभान धर्मसेतु प्रा॰ ट्रस्ट के अध्यक्ष महाराजा साहब टीकमगढ़ श्री मधुकर शाह जू देव एवं उपाध्यक्ष राजा साहब अयोध्या श्री [illegible] प्रताप मिश्र के आदेश पर श्री अजय कुमार छावछरिया ने स्थापित कराया।

ESTD.-1986

9. रामकोट

पता – हनुमान गढ़ी से रामजन्मभूमि की ओर 400 मीटर पर।

शिलालेख – यह शिलालेख राजा दशरथ के महल, जिसे सभी बड़ा स्थान के नाम से भी जानते हैं, के ठीक सामने लगा हुआ है।

किंवदन्ती – पौराणिक मान्यताओं के अनुसार इसी महल में प्रभु श्रीराम का जन्म हुआ था। आज भी प्रभु श्रीराम के साथ-साथ लक्ष्मण, भरत, शत्रुघ्न जी यहाँ बाल रूप में पूजे जाते हैं। सामान्य तौर पर प्रत्येक मन्दिर में भगवान को स्नान कराने और पूजन के बाद भोग लगाया जाता है पर यहाँ विराजमान भगवान को बालक रूप में मानकर जागरण के साथ ही उन्हें मेवा-मिश्री का भोग लगाया जाता है।

मान्यता – यह स्थान पौराणिक अयोध्या नगर के लगभग मध्य में स्थित है। मुख्य द्वार पर लगे एक बोर्ड के अनुसार वर्तमान में इस स्थान को लोग बाबा श्री राम प्रसाद जी महाराज के अखाड़े के रूप में जानते हैं, जिसे 'बड़ा स्थान' या 'बड़ी जगह' भी कहा जाता है।

यह स्थान लगभग 25 बीघा में फैला हुआ है। परिसर में ही अतिथि गृह, सन्त निवास, यज्ञशाला, गौशाला,

उद्यान आदि निर्मित हैं। मन्दिर का मुख्य द्वार लगभग 40 फ़ीट ऊँचा है जिसके कारण महल की भव्यता और बढ़ जाती है। मुख्य मन्दिर के दर्शन के लिए मुख्य द्वार से प्रवेश करने के बाद एक और परिसर पार करना पड़ता है। मन्दिर में दाहिनी ओर एक हनुमान जी का मन्दिर भी स्थापित है। वर्तमान में यहाँ के महन्त श्री देवेन्द्र प्रसादाचार्य जी महाराज हैं।

यहाँ स्थित शिलालेख को सुरक्षित करने की आवश्यकता है क्योंकि शिलालेख सड़क के तिराहे पर असुरक्षित लगा हुआ है। यह कभी भी किसी अनियन्त्रित वाहन की चपेट में आकर खण्डित हो सकता है।

10. हनुमान गढ़ी

पता – यह स्थान अयोध्या में सर्वज्ञात है।

शिलालेख – शिलालेख मन्दिर के मुख्य द्वार के ठीक सामने सड़क पर स्थित बनाये गये बैरियर के पास सटा कर लगा हुआ है।

किंवदन्ती – पौराणिक कथाओं के अनुसार प्रभु श्रीराम ने हनुमान जी को स्वयं अयोध्या का राज्य सौंपा था। हनुमान जी रामकोट के मुख्य द्वार के रक्षक भी थे। जिस स्थान पर वह रहते थे आज वहीं अयोध्या हनुमान गढ़ी मन्दिर स्थापित है। मन्दिर के गर्भगृह में हनुमान जी बाल रूप में माता अंजनी की गोद में विराजमान हैं एवं इनके ठीक पीछे सम्पूर्ण रामदरबार स्थापित है। हनुमान जी की प्रतिमा का रामदरबार के आगे स्थापित होना ही यह जानकारी देता है कि अयोध्या के राजा हनुमान हैं जो प्रभु श्रीराम के आदेशानुसार सदैव अयोध्या में वास करते हैं। मान्यताओं के अनुसार अयोध्या में बिना हनुमान जी की आज्ञा के कुछ नहीं होता। इसी कारण यहाँ आने वाले श्रद्धालु सर्वप्रथम हनुमान जी का दर्शन पूजन करते हैं।

मान्यता – जैसा कि हम सभी जानते हैं हनुमान जी को मानने वालों में अन्य धर्मों के लोग भी हैं। इसका सबसे बड़ा उदाहरण मिलता है मन्दिर के जीर्णोद्धार कार्य में। दसवीं शताब्दी के मध्य में सुल्तान मंसूर अली लखनऊ और फ़ैज़ाबाद का प्रशासक था। एक बार उसके पुत्र का स्वास्थ्य बहुत बिगड़ गया। अनेक हकीम एवं वैद्य जब कुछ नहीं कर पाये तो मंसूर अली ने हनुमान जी की शरण ली और उसका बच्चा स्वस्थ हो गया जिससे हनुमान जी में उसकी श्रद्धा इतनी बढ़ गयी कि नवाब ने हनुमान गढ़ी का जीर्णोद्धार कराया और हनुमान गढ़ी मन्दिर के नाम 52 बीघा ज़मीन भी दान की एवं ताम्रपत्र में लिखवा कर घोषणा करवाई कि इस मन्दिर पर और यहाँ के चढ़ावे पर किसी राजा या शासक का अधिकार नहीं होगा।

अयोध्या हनुमानगढ़ी मन्दिर के संचालन एवं रख-रखाव का कार्य पंचायती व्यवस्था के रूप में किया जाता है। इस व्यवस्था को क़ानूनी रूप से रजिस्टर कराया गया है। 27 अगस्त, 1963 को इसका रजिस्ट्रेशन हुआ था। इस पूरी प्रक्रिया को निर्विवादित रूप से चलाने के लिए एक नियमावली बनायी गयी है जिसमें 21 धाराओं में विस्तार से इस पंचायती व्यवस्था को चलाने के लिए बताया गया है। इसके अन्तर्गत

इसमें चार पट्टियाँ हैं 1. पट्टी बसन्तिया 2. पट्टी उज्जैनियाँ 3. पट्टी हरद्वारी 4. पट्टी सागरिया। इन सभी पट्टियों में अनेक साधु भी होते हैं। वर्तमान में हनुमान गढ़ी मन्दिर निर्मोही अखाड़े की मुख्य छावनी है।

11. रामसभा

शिलालेख – शिलालेख मन्दिर के बाहर बायीं ओर लगा हुआ है।

पता – हनुमानगढ़ी चौराहे से तुलसी स्मारक भवन की ओर जाने वाले मार्ग पर लगभग 300 मीटर आगे जाने पर दाहिनी ओर यह स्थान स्थित है।

किंवदन्ती – श्री अयोध्या माहात्म्य के अनुसार अयोध्या पीठ के मध्य में श्री रामचन्द्र जी की रमणीय सभा है जिसे आज भी रामसभा कहते हैं। यह अनेक प्रकार की आश्चर्यमय रचनाओं से लेकर अनेक प्रकार के धातु, रत्न, मणियों से बनी हुई है। कुँवर, इन्द्र, यमराज, वरुण आदि देव की सभाओं से विशिष्ट है। इस लोक में रामसभा के समान कोई सभा नहीं है। यहाँ दर्शन मात्र से हज़ारों जन्मों के अर्जित पाप नष्ट होते हैं।

मान्यता – मान्यताओं के अनुसार श्री रामचन्द्र जी भाइयों के साथ यहीं पर राज सम्बन्धित कार्य करते थे। धर्मात्मा राम अपने मन्त्रियों के साथ सभी प्राणियों का न्याय इसी सभा में करते थे।

12. दन्तधावन कुण्ड

शिलालेख – कुण्ड के बायीं ओर एक पान की गुमटी के नीचे शिलालेख स्थित है।

पता – हनुमानगढ़ी चौराहे से फ़ैज़ाबाद की ओर जाने वाले मार्ग पर 200 मीटर आगे जाने पर बायीं ओर जो सड़क गयी है उसी मार्ग पर 500 मीटर आगे यह कुण्ड स्थित है।

किंवदन्ती – एक समय कौण्डिल्य नामक ब्राह्मण आकर विश्रामहेतु स्नान कर रहे थे। ज़ोर से वायु चलने के कारण उनका मृगचर्म उड़ कर कुण्ड में जा गिरा, जिससे उस मृग का तत्काल दिव्य विग्रह हो गया और वह दिव्य विमान पर चढ़कर अप्सराओं से सेवित हो परमधाम को जाने लगा। जाते समय श्रीराम जी के पूछने पर उसने अपना परिचय दिया कि मैं पूर्वजन्म में एक वैश्य था। धन के मद में गर्वित हो शास्त्र की मर्यादाओं का उल्लंघन करके काल-यापन करता था। वेश्याओं से आसक्त चित्त मैंने एक दिन अनजान में ही तुलसी में जल डाल दिया। मरने के बाद उसी पुण्य के फलस्वरूप मृगयोनि मिलकर मेरा चर्म भजनशील महर्षि की सेवा में लगा जिससे मुझे इस तीर्थ का स्पर्श प्राप्त हुआ। यहाँ के दिव्य प्रभाव से मेरे सम्पूर्ण पाप नष्ट हो गये और यह उत्तम पद मिला। अब आपके प्रसाद से मैं समस्त दुःखों से रहित हो गया हूँ। इतना कह कर श्रीराम की परिक्रमा करते हुए वह दिव्य साकेत को चला गया।

मान्यता – पौराणिक मान्यताओं के अनुसार प्रभु श्रीराम अपने भाइयों के साथ नित्य यहाँ दातुन किया करते थे। इस तीर्थ की वार्षिक यात्रा श्रीराम नवमी को होती है।

13. सुग्रीव क़िला

पता – यह मन्दिर अयोध्या हनुमानगढ़ी के ठीक पीछे एवं बिरला मन्दिर के ठीक सामने स्थित है।

शिलालेख – शिलालेख मन्दिर के मुख्य द्वार से सटा कर सुरक्षित लगा हुआ है।

किंवदन्ती – अयोध्या माहात्म्य के अनुसार रामकोट के मुख्य द्वार पर हनुमान जी विराजते हैं। हनुमान जी के दक्षिण में श्री सुग्रीव जी का क़िला है। पौराणिक कथानक के अनुसार इस स्थान पर दर्शन मात्र से दर्शन करने वाले व्यक्ति के शत्रुओं का नाश होता है।

मान्यता – मान्यताओं के अनुसार जब प्रभु श्रीराम 14 वर्ष के वनवास के लिए अयोध्या से प्रस्थान कर रहे थे तो उन्होंने महाराज भरत को इस स्थान पर रखे आभूषण हीरे, जवाहरात और मणियों की रक्षा करने के लिए कहा था। 14 वर्षों के उपरान्त जब प्रभु श्रीराम अयोध्या वापस लौटे तो महाराज भरत ने मणियों से निर्मित एक क़िला प्रभु श्रीराम के स्वागत के लिए बनवाया था। उस क़िले को देख कर प्रभु श्रीराम अत्यन्त प्रसन्न हुए और उन्होंने भरत जी से कहा कि लंका विजय में मेरे साथ आये महाराज सुग्रीव का भी बराबर योगदान था। जिसके बाद प्रभु श्रीराम ने इस क़िले को महाराज सुग्रीव को उपहार स्वरूप भेंट किया जिसके बाद से यह क़िला सुग्रीव क़िला नाम से जाना जाने लगा।

वर्तमान स्थिति – वर्तमान समय में यह क़िला भारत सरकार के भारतीय पुरातत्त्व सर्वेक्षण के राष्ट्रीय संरक्षित स्मारक में आता है। मन्दिर के गर्भ गृह में प्रभु श्रीराम, माता सीता तथा लक्ष्मण, भरत, शत्रुघ्न के साथ सुग्रीव जी की भी पूजा होती है।

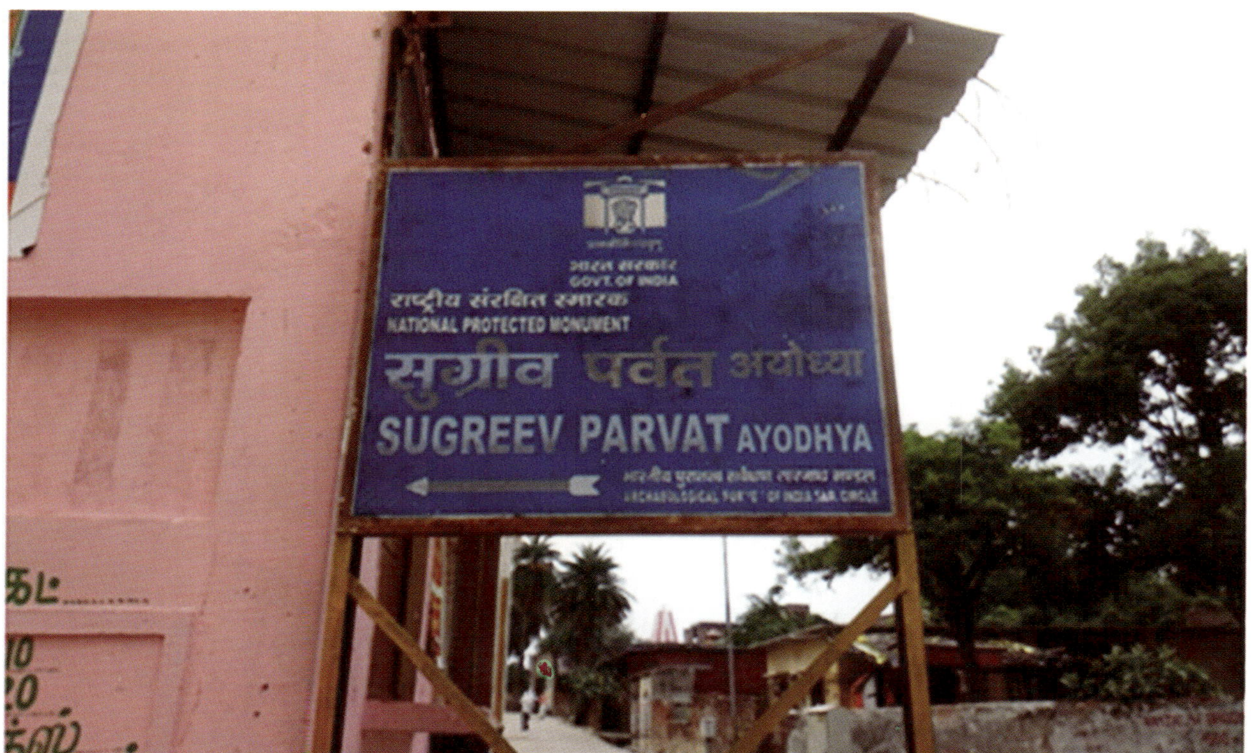

दिव्य देश

14. क्षीरसागर

पता – श्रीराम चिकित्सालय के ठीक सामने बायीं ओर।

शिलालेख – शिलालेख श्रीराम अस्पताल के मुख्य द्वार के ठीक सामने स्थित चाय की दुकान की भट्ठी से सटा कर लगा हुआ है।

किंवदन्ती – पौराणिक कथाओं के अनुसार यहाँ राजा दशरथ जी द्वारा अनेकों यज्ञ किये गये। इस कुण्ड के पश्चिम में स्थित क्षीरेश्वर महादेव मन्दिर में एक बार राजा दशरथ जी ने गोदुग्ध से रुद्राभिषेक किया था। अभिषेक करते समय जो दुग्ध शिवलिंग और अरघे से गिर रहा था वह इसी कुण्ड में एकत्र हो गया, तभी से इस कुण्ड का नाम क्षीरसागर पड़ा।

मान्यता – वर्तमान में कुण्ड का अस्तित्व लगभग समाप्त कर दिया गया है जिसके कारण यहाँ की कोई स्थानीय मान्यता नहीं है।

15. क्षीरेश्वरनाथ

शिलालेख – शिलालेख मन्दिर के मुख्य द्वार के बगल में सुरक्षित लगा हुआ है।

किंवदन्ती – पौराणिक मान्यताओं के अनुसार इस प्राचीन शिवलिंग की स्थापना स्वयं राजा दशरथ जी ने की थी। मन्दिर में लगे एक शिलालेख के अनुसार यह मन्दिर अयोध्या के दक्षिण में श्री रामजन्मभूमि के समक्ष केन्द्रीय स्थान पर स्थापित है। राजा दशरथ जी द्वारा इस स्थान पर पुत्र प्राप्ति हेतु गोदुग्ध से रुद्राभिषेक किया गया।

मान्यता – मान्यताओं के अनुसार इनकी प्रदक्षिणा चन्द्राकार करनी चाहिए तथा त्रिदल बिल्वपत्र, चन्दन, जलयुक्त अधोमुख ही चढ़ाना चाहिए जिनमें चक्र-चिह्न एवं वज्र न हों। इनका विधिपूर्वक पूजन करने वाला सम्पूर्ण कामनाओं की सिद्धि एवं बुद्धिमान, विद्वान पुत्र प्राप्त करता है।

वर्तमान स्थिति – वर्तमान समय में बहुत ही सुन्दर ढंग से मन्दिर का जीर्णोद्धार कराया गया है। मन्दिर में सम्पूर्ण सावन मास श्रद्धालुओं की भारी भीड़ आती है।

16. रुक्मिणी कुण्ड

पता – जलवानपुरा मोहल्ला, अयोध्या जी।

शिलालेख – शिलालेख को कुछ वर्ष पूर्व भू-माफियाओं द्वारा नष्ट कर दिया गया है।

किंवदन्ती – श्री अयोध्या माहात्म्य के अनुसार बृहस्पति कुण्ड के दक्षिण में रुक्मिणी कुण्ड स्थित है। पौराणिक मान्यताओं के अनुसार एक बार यदुवंश विभूषण श्रीकृष्ण जी अयोध्यापुरी आये।

उन्होंने अपनी आठों पटरानियों–रुक्मिणी, जाम्बवन्ती, सत्यभामा, कालिन्दी, मित्रबिन्दा, सत्या, भद्रा और लक्ष्मणा के साथ यहाँ एक महीने तक निवास किया। उसी समय रुक्मिणी देवी ने अपने नाम का एक कुंड स्थापित किया तभी से श्रीकृष्ण उस कुण्ड में विष्णु रूप में निवास करने लगे।

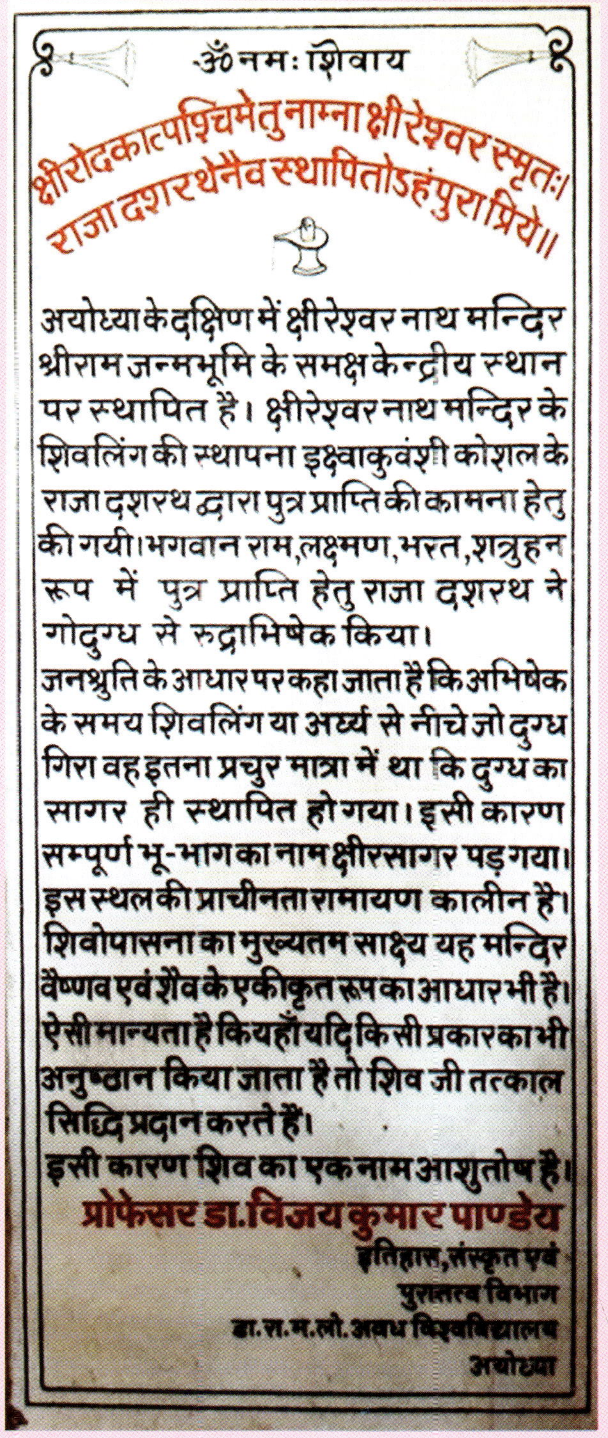
ॐ नमः शिवाय
क्षीरोदकात्पश्चिमेतु नाम्ना क्षीरेश्वर स्मृतः।
राजा दशरथेनैव स्थापितोऽहंपुरा प्रिये॥
अयोध्या के दक्षिण में क्षीरेश्वर नाथ मन्दिर श्रीराम जन्मभूमि के समक्ष केन्द्रीय स्थान पर स्थापित है। क्षीरेश्वर नाथ मन्दिर के शिवलिंग की स्थापना इक्ष्वाकुवंशी कोशल के राजा दशरथ द्वारा पुत्र प्राप्ति की कामना हेतु की गयी। भगवान राम, लक्ष्मण, भरत, शत्रुहन रूप में पुत्र प्राप्ति हेतु राजा दशरथ ने गोदुग्ध से रुद्राभिषेक किया।
जनश्रुति के आधार पर कहा जाता है कि अभिषेक के समय शिवलिंग या अर्घ्य से नीचे जो दुग्ध गिरा वह इतना प्रचुर मात्रा में था कि दुग्ध का सागर ही स्थापित हो गया। इसी कारण सम्पूर्ण भू-भाग का नाम क्षीरसागर पड़ गया। इस स्थल की प्राचीनता रामायण कालीन है। शिवोपासना का मुख्यतम साक्ष्य यह मन्दिर वैष्णव एवं शैव के एकीकृत रूप का आधार भी है। ऐसी मान्यता है कि यहाँ यदि किसी प्रकार का भी अनुष्ठान किया जाता है तो शिव जी तत्काल सिद्धि प्रदान करते हैं।
इसी कारण शिव का एक नाम आशुतोष है।
प्रोफेसर डा. विजय कुमार पाण्डेय
इतिहास, संस्कृत एवं
पुरातत्व विभाग
डा. रा. म. लो. अवध विश्वविद्यालय
अयोध्या

मान्यता – मान्यताओं के अनुसार यहाँ की वार्षिक यात्रा कार्तिक बदी नवमी को होती है। इस दिन जो नर या नारी यहाँ विधिपूर्वक पूजा-पाठ करके स्नान करता है उसकी सभी मनोकामनाएँ पूर्ण होती हैं। पुत्रहीन नर पुत्रवाला और लक्ष्मीवाला हो जाता है।

17. अंगद जी

पता – यह स्थान अयोध्या श्रीराम अस्पताल के ठीक पीछे स्थित है।

किंवदन्ती – अयोध्या माहात्म्य के अनुसार जब अंगद जी अपने चाचा श्री सुग्रीव जी के साथ अयोध्या आये तो वह भी प्रभु श्रीराम की सेवा में लग गये और सुग्रीव जी के साथ राम दुर्ग की सुरक्षा में इसी टीले पर निवास करने लगे।

मान्यता – रामचरितमानस में तुलसीदास जी द्वारा वानर वीरों के लिए लिखे गये एक दोहे में युवराज अंगद का नाम भी आता है–

द्विबिद मयंद नील नल अंगद गद बिकटासि।
दधिमुख केहरि निसठ सठ जामवंत बलरासि।।54।।

वाल्मीकि रामायण में इन सभी वानर यूथपतियों का विस्तृत वर्णन मिलता है।

18-19. नल-नील

पता – यह स्थान श्री रामजन्मभूमि के अधिगृहीत परिसर में स्थित है।

शिलालेख – श्री रामजन्मभूमि परिसर में है।

किंवदन्ती – अयोध्या माहात्म्य के अनुसार शिल्प विद्या के ज्ञाता विश्वकर्मा जी के पुत्र श्री नल एवं नील राम दुर्ग के दक्षिण में विराजमान हैं।

मान्यता – वाल्मीकि रामायण एवं रामचरितमानस के लंका कांड में नल-नील का वर्णन मिलता है। कथाओं के अनुसार जामवंत जी आदेशानुसार इन्हीं दोनों भाइयों को राम सेतु निर्माण की ज़िम्मेदारी सौंपी गयी थी। इन दोनों शिल्पकारों (इंजीनियर) द्वारा सागर पर सेतु बाँधने का वर्णन रामचरितमानस में कुछ इस प्रकार है–

चौपाई : ***जामवंत बोले दोउ भाई। नल नीलहिं सब कथा सुनाई।***
राम प्रताप सुमिरि मन माहीं। करहु सेतु प्रयास कछु नाहीं।

(काण्ड का सन्दर्भ)

20. सुषेण जी

पता – यह स्थान श्री रामजन्मभूमि के अधिगृहीत परिसर में स्थित है।

शिलालेख – श्री रामजन्मभूमि परिसर में है।

किंवदन्ती – अयोध्या माहात्म्य में सुषेण जी को राम दुर्ग के समीप कुबेर टीला के पूर्व दिशा में स्थित बताया गया है।

मान्यता – कथाओं के अनुसार लंका युद्ध में जब मेघनाद के प्रहार से लक्ष्मण जी मूर्च्छित हुए तब सुषेण वैद्य ने ही उनके प्राणों की रक्षा की थी। सुषेण राक्षसराज रावण के राजवैद्य थे। लक्ष्मण जी के मूर्च्छित होने पर विभीषण के बताने पर हनुमान जी इन्हें लंका से उठा कर ले आये थे। सुषेण जी रिश्ते में सुग्रीव जी के ससुर भी थे।

21. नवरत्न (कुबेर टीला)

पता – यह स्थान श्री रामजन्मभूमि के अधिगृहीत परिसर में स्थित है।

शिलालेख – श्री रामजन्मभूमि परिसर में है।

किंवदन्ती – पौराणिक मान्यताओं के अनुसार यह कुबेर जी का टीला है। इस टीले पर कुबेरेश्वर महादेव का एक विशाल शिवलिंग स्थापित है। 10 जून, 2020 को 28 वर्षों के बाद इस स्थान पर श्री रामजन्मभूमि तीर्थ क्षेत्र के अध्यक्ष महन्त श्री नृत्यगोपालदास जी के उत्तराधिकारी महन्त कमलनयनदास जी द्वारा रुद्राभिषेक किया गया।

मान्यता – प्राप्त जानकारियों के अनुसार इस शिवलिंग की स्थापना एक स्थानीय निवासी धनपत राम यादव द्वारा एक कुश्ती में विजय प्राप्त करने के बाद करवायी गयी। पहले इस स्थान पर शिवरात्रि के दिन भव्य आयोजन होता था। प्रत्येक वर्ष शोभायात्रा निकाली जाती थी परन्तु बाबरी विध्वंस के बाद सुरक्षा कारणों से यहाँ दर्शन-पूजन पर रोक लग गयी।

22. वशिष्ठ कुण्ड

पता – वशिष्ठ कुण्ड टेढ़ी बाज़ार चौराहे से थाना रामजन्मभूमि की ओर जाने वाले मार्ग पर 300 मीटर आगे जाने पर बायीं ओर स्थित है।

शिलालेख – शिलालेख वशिष्ठ आश्रम की दीवाल से सटा कर सड़क के किनारे लगा हुआ है।

किंवदन्ती – अयोध्या माहात्म्य के अनुसार वशिष्ठ कुण्ड में श्री वशिष्ठ जी सदा श्री अरुन्धती जी के साथ कामधेनु की सेवा करते हुए यहाँ निवास करते हैं।

भादों शुक्ल पंचमी एवं आषाढ़ी पूर्णिमा को यहाँ की वार्षिक यात्रा की जाती है। इस दिन यहाँ स्नान, दान करके पूजन करने से ज्ञान एवं सुख की प्राप्ति होती है।

मान्यता – वर्तमान में यहाँ गुरुपूर्णिमा को विशाल भण्डारे एवं मेले का आयोजन होता है।

परमहंस राम मंगल दास के नेतृत्व में सेठ श्री सागर मल जलान जी, श्री राधेश्याम जी एवं अन्य कई लोगों ने मिल कर श्री गुरु वशिष्ठ धर्मादाय सार्वजनिक पुनरुद्धार ट्रस्ट बना कर सन् 1980 में इस स्थान

का जीर्णोद्धार कार्य शुरू किया। वर्तमान समय में जिस प्रकार से वशिष्ठ कुण्ड का जीर्णोद्धार करके कुण्ड के पौराणिक महत्त्व को बचाने का प्रयास हुआ है। पूरे चौरासी कोस के क्षेत्र में ऐसा दूसरा कोई उदाहरण नहीं है। इस लुप्त हो चुके कुण्ड को बहुत ही सुन्दर ढंग से वशिष्ठ जी की महिमा के अनुरूप एक विशाल वशिष्ठ आश्रम में परिवर्तित कर दिया गया है।

मुख्य द्वार से प्रवेश करते ही सर्वप्रथम आचार्य मुद्रा में गुरु वशिष्ठ जी के दर्शन होते हैं। वशिष्ठ जी के दोनों ओर श्रीराम, लक्ष्मण, भरत, शत्रुघ्न जी की शिष्य भाव में प्रतिमा स्थापित है। इसके ऊपरी तल में वशिष्ठ वाटिका विकसित की गयी है। गर्भगृह के बगल से भूतल में उतरती सीढ़ियाँ प्राचीन गर्भगृह तक ले जाती हैं। इस गर्भगृह में गुरु वशिष्ठ, माता अरुन्धती, सरयू जी, महर्षि वामदेव सहित राम दरबार स्थापित है। इसी तल की दीवारों पर ब्रह्मर्षियों की मूर्तियाँ स्थापित हैं। इसके ठीक बाहर माता अरुन्धती वाटिका स्थापित है। वाटिका में प्रतीकात्मक वृक्षों के बीच चारों ओर दीवारों पर सुन्दर चित्रों की शृंखला है। इस वाटिका के चारों कोनों पर क्रमशः हनुमान जी, गणेश जी, सरयू जी एवं कामधेनु जी की मूर्तियाँ स्थापित हैं। इसके मध्य में पौराणिक वशिष्ठ कुण्ड बहुत ही सुन्दर ढंग से सहेज कर स्थापित किया गया है। वाटिका से उतरने वाली सीढ़ियाँ सीधे कुण्ड में ले जाती हैं। इसी के ऊपरी तल में एक सुन्दर यज्ञशाला भी स्थापित है।

पूज्यपाद ब्रह्मर्षि राजगुरु श्री वशिष्ठ जी महाराज

23. वामदेव

शिलालेख – शिलालेख मन्दिर के बायीं ओर लगा हुआ है।

पता – यह स्थान टेढ़ी बाज़ार से थाना रामजन्मभूमि की ओर जाने पर वशिष्ठ कुण्ड के ठीक पीछे परिक्रमा मार्ग पर स्थित है।

किंवदन्ती – वामदेव जी राजा दशरथ के आठ पुरोहितों में से एक थे। पौराणिक कथाओं के अनुसार यह वशिष्ठ जी के समकालीन थे। वामदेव जी ने इस देश को सामगान अर्थात् संगीत दिया है। वामदेव जी ऋग्वेद के चतुर्थ मण्डल के सूत्रद्रष्टा हैं। इस मण्डल में कुल 589 मन्त्र हैं जिनमें 514 मन्त्रों के द्रष्टा वामदेव जी हैं। श्री रामचरितमानस में लगभग 7 स्थानों पर महर्षि वामदेव का नाम आया है। इसके साथ विशेषता यह भी है कि जहाँ-जहाँ इनका नाम आया है अन्य ऋषियों से प्रथम आया है। वामदेव जी गौतम ऋषि के पुत्र तथा जन्मत्रयी के तत्त्ववेत्ता माने जाते हैं। भरत मुनि द्वारा रचित

भरत नाट्यशास्त्र सामवेद से ही प्रेरित है। हज़ारों वर्ष पूर्व लिखे गये सामवेद में संगीत और वाद्य यन्त्रों की सम्पूर्ण जानकारी मिलती है।

मान्यता – वामदेव जब माँ के गर्भ में थे तभी से उन्हें अपने पूर्वजन्म आदि का ज्ञान हो गया था। उन्होंने सोचा कि माँ की योनि से तो सभी जन्म लेते हैं और यह कष्टकर है, अतः माँ का पेट फाड़ कर बाहर निकलना चाहिए। वामदेव की माँ को इसका आभास हो गया। अतः उन्होंने अपने जीवन को संकट में पड़ा जानकर देवी अदिति से रक्षा की कामना की। तब वामदेव ने इन्द्र को अपने समस्त ज्ञान का परिचय देकर योग से श्येन पक्षी का रूप धारण किया तथा अपनी माता के उदर से बिना कष्ट दिये बाहर निकल आये।

वर्तमान स्थिति – वर्तमान समय में महर्षि वामदेव जी का प्राचीन मन्दिर पूर्ण रूप से समाप्त हो चुका है। मन्दिर के पुजारी सुरेश दास जी बताते हैं कि वर्ष 2015 में जब वह इस स्थान पर आये तो यह स्थान पूर्णतया नष्ट हो चुका था, तब उन्होंने हरिद्वार के एक चतुर्वेदी परिवार के सहयोग से इस मन्दिर का जीर्णोद्धार कराया। मन्दिर के गर्भ गृह में मुख्य रूप से वामदेव जी एवं लक्ष्मण जी की पत्नी माता उर्मिला जी एवं रामजानकी जी विराजमान हैं एवं मन्दिर के बाहर बायीं ओर एक कूप (कुआँ) है, जिसे वामदेव कूप भी कहा जाता है। यह कूप अन्य कूपों से भिन्न, चौकोर है। कूप के सामने दीवाल में बने एक ताखे में प्राचीन मन्दिर एवं प्रतिमाओं के खण्डित अवशेष रखे हुए हैं।

24. सागर कुण्ड

पता – यह स्थान श्री रामजन्मभूमि के अधिगृहीत परिसर में स्थित है।

शिलालेख – श्री रामजन्मभूमि परिसर में है।

किंवदन्ती – अयोध्या माहात्म्म के अनुसार यह स्थान श्री रामजन्मभूमि के पश्चिम में स्थित है। आश्विन पूर्णिमा को यहाँ की विशेष यात्रा करनी चाहिए एवं विधिपूर्वक स्नान-ध्यान करना चाहिए।

25. गवाक्ष

पता – यह स्थान श्री रामजन्मभूमि के अधिगृहीत परिसर में स्थित है।

शिलालेख – श्री रामजन्मभूमि परिसर में है।

26. दधिमुख

पता – टेढ़ी बाज़ार चौराहे से कटरा मोहल्ले की ओर जाने वाली सड़क पर लगभग 1.5 किलोमीटर आगे जाने पर बायीं ओर ब्रह्मकुण्ड का रास्ता मुड़ा है और दाहिनी ओर एक बड़ा-सा पाकड़ का वृक्ष है। (वर्तमान समय में यह स्थान रामजन्मभूमि परिसर में है।)

शिलालेख – उसी पाकड़ के वृक्ष के नीचे दीवाल से सटा कर यह शिलालेख लगा हुआ है।

किंवदन्ती – अयोध्या माहात्म्य के अनुसार राम दुर्ग के रक्षकों में से दधिवक्र जी भी एक थे। अयोध्या माहात्म्य में वर्णित है कि दधिवक्र जी राम दुर्ग के पश्चिमी द्वार के रक्षक थे।

मान्यता – रामचरितमानस में तुलसीदास जी द्वारा वानर वीरों के लिए लिखे गये एक दोहे में दधिमुख का नाम भी आता है–

द्विबिद मयंद नील नल अंगद गद बिकटासि।
दधिमुख केहरि निसठ सठ जामवंत बलरासि (काण्ड...)

इस दोहे के अनुसार द्विबिद, मयंद, नील, नल, अंगद, गद, विकटास्य, दधिमुख, केसरी, निशठ, शठ और जाम्बवान ये सभी वानरराज इतने वीर एवं शक्तिशाली हैं कि इन्हें बल की राशि की संज्ञा दी जाती है। वाल्मीकि रामायण में इन सभी वानर यूथपतियों का विस्तृत वर्णन मिलता है।

वर्तमान स्थिति – वर्तमान समय में यह स्थान रामजन्मभूमि परिसर में है।

27. दुर्गेश्वर

पता – यह स्थान रत्न सिंहासन मन्दिर से कैकेयी भवन होते हुए कटरा मोहल्ले की ओर जाने वाले मार्ग पर स्थित है।

शिलालेख – शिलालेख मन्दिर के सामने बायीं ओर लगा हुआ है।

किंवदन्ती – अयोध्या माहात्म्य के अनुसार अयोध्या के मध्य में स्थित रामदुर्ग के पश्चिमी द्वार की सुरक्षा में स्वयं शिव जी दुर्गेश्वर नाथ के रूप में यहाँ विराजमान हैं।

मान्यता – इस मन्दिर को राजा रघु ने स्थापित किया था। यहाँ के पुजारी रमाकान्त पाण्डेय जी बताते हैं कि रामजन्मभूमि के चारों ओर घेरेबन्दी से पहले जन्मभूमि से नियमित साधु यहाँ पूजा करने आते थे।

वर्तमान स्थिति – मन्दिर के मुख्य गर्भगृह के ऊपर लगे पत्थरों के अनुसार 2005 में सामाजिक सहयोग से मन्दिर का जीर्णोद्धार कराया गया था। परन्तु आज भी मन्दिर की स्थिति वैसी ही है। मन्दिर में स्वच्छता का अभाव है। मन्दिर के मुख्य गर्भगृह के पूर्व में एक और शिवलिंग स्थापित है, उस शिवलिंग के साथ गणेश जी को एक अत्यन्त प्राचीन प्रतिमा भी स्थापित है। मन्दिर के बाहर पूर्व दिशा में एक विशाल वट वृक्ष है। इसी वट वृक्ष के नीचे एक प्राचीन कुआँ भी स्थित है।

28. शतबलि

पता – यह स्थान कटरा मोहल्ले में कोसलेश सदन के ठीक पीछे स्थित है।

शिलालेख – शिलालेख एक खेत में असुरक्षित स्थिति में लगा हुआ है।

किंवदन्ती – श्री वाल्मीकि रामायण में वर्णित वानर वीरों में शतबलि जी का नाम भी आया है।

मान्यता – मान्यताओं के अनुसार शतबलि जी प्रभु श्रीराम की सेना के यूथपतियों में से एक थे। लंका युद्ध में शतबलि जी के साथ लगभग एक लाख वानर सेना थी।

वर्तमान स्थिति – वर्तमान समय में यह स्थान पूर्णतया समाप्त हो चुका है। अब इस भू-भाग को समतल कर के यहाँ खेती की जाती है।

स्थानीय लोगों की राय – स्थानीय जनों से बातचीत करने से यह ज्ञात हुआ कि उन्हें इस स्थान के विषय में कोई जानकारी नहीं है। जब उन्हें इसके विषय में हमारे द्वारा बताया गया तो उन्होंने इस स्थान को पुनर्निर्मित कराने की माँग उठायी। इस स्थान को अतिक्रमण से मुक्त करा कर, पुनः स्थापित करने का प्रयास करना चाहिए।

29. गन्धमादन

पता – यह स्थान कटरा मोहल्ले में स्थित है।

शिलालेख – शिलालेख लगभग 6 वर्ष पूर्व तक यहाँ स्थित एक मस्जिद के समीप लगा हुआ था। बाद में उसे स्थानीय भू-माफियाओं द्वारा ग़ायब कर दिया गया।

किंवदन्ती – गन्धमादन जी भी श्रीराम जी की सेना के यूथपतियों में से एक थे।

30. ऋषभ

पता – यह स्थान कटरा पुलिस चौकी के ठीक पीछे स्थित है।

शिलालेख – शिलालेख एक नवनिर्मित भवन के पीछे एक बेर के पेड़ से सटा कर लगा हुआ है।

किंवदन्ती – लंका युद्ध में अन्य वानर वीरों की तरह ऋषभ जी भी उन्हीं में से एक थे। वह भी अपनी वानर सेना के साथ लंका युद्ध लड़े थे।

मान्यता – वर्तमान समय में इस स्थान पर अवैध रूप से क़ब्ज़ा है, जिस कारण यहाँ कोई स्थानीय मान्यता की जानकारी नहीं है।

वर्तमान स्थिति – वर्तमान समय में इस स्थान को नष्ट करके इस पर अवैध रूप से क़ब्ज़ा किया गया है। मोहम्मद मुन्ना द्वारा यहाँ अवैध रूप से खेती की जा रही है।

31. शरभ

पता – यह स्थान कटरा मोहल्ले में नयी पानी टंकी के पास स्थित है।

शिलालेख – शिलालेख कटरा जू. हा. स्कूल के पास एक बड़े पाकड़ वृक्ष के नीचे दीवाल से सटा कर लगा हुआ है।

किंवदन्ती – अयोध्या माहात्म्य में राम दुर्ग रक्षकों में शरभ जी का भी वर्णन है। शरभ जी दुर्ग के पश्चिमी द्वार पर विराजमान थे।

मान्यता – पौराणिक कथाओं के अनुसार शरभ जी प्रभु श्रीराम की वानर सेना के यूथपतियों में से एक थे। इनके साथ एक लाख चालीस हज़ार वानरों की सेना युद्ध कर रही थी।

32. पनस

पता – यह स्थान कटरा मोहल्ले में स्थित है।

शिलालेख – शिलालेख को कुछ वर्षों पूर्व ग़ायब कर दिया गया।

किंवदन्ती – अयोध्या माहात्म्य में राम दुर्ग रक्षकों में पनस जी का भी वर्णन है। पनस जी राम दुर्ग के पश्चिमी द्वार पर विराजमान थे।

मान्यता – पौराणिक कथाओं में पनस जी प्रभु श्रीराम की वानर सेना के यूथपतियों में से एक थे इनके साथ एक लाख वानरों की सेना युद्ध कर रही थी।

33. श्री विभीषण

पता – यह स्थान विभीषण कुण्ड के बगल से ऊपर की ओर जाने वाले मार्ग पर स्थित है।

शिलालेख – शिलालेख कुण्ड से सटे एक शिवाले के पीछे सुरक्षित लगा हुआ है।

किंवदन्ती – अयोध्या माहात्म्य के अनुसार रामकोट के उत्तरी द्वार पर श्री विभीषण जो विराजते हैं।

वर्तमान स्थिति – वर्तमान समय में विभीषण मन्दिर का अस्तित्व समाप्त हो चुका है। इस मन्दिर का शिलालेख सिद्धश्री रामानुज कोट के सामने लगा हुआ है। इसी के सामने एक शिवाला भी बना है एवं दो तरफ़ आवासीय भवन निर्मित हैं। रामानुज कोट के महन्त श्री कृष्णकान्ताचार्य जी बताते हैं कि रामानुज कोट लगभग 150 वर्ष पुराना है। यहाँ राम दरबार के साथ मुख्य रूप से भगवान विष्णु जी की विशाल प्रतिमा स्थापित है।

34. सरमाजी

पता – यह स्थान विभीषण कुण्ड के बगल से कनक भवन को जाने वाले मार्ग पर 100 मीटर आगे जाने पर दायीं ओर स्थित है।

शिलालेख – शिलालेख एक अशोक के वृक्ष के नीचे सड़क किनारे दीवार से सटा कर लगा हुआ है।

किंवदन्ती – अयोध्या माहात्म्य में रामकोट के वर्णन में रामकोट के उत्तरी द्वार पर श्री विभीषण जी के पूर्व में उनकी पत्नी सरमा जी के स्थान के विषय में भी वर्णित किया गया है। सरमा की बेटी त्रिजटा थी।

35. श्री विघ्नेश

पता – यह स्थान मत्तगजेन्द्र जी के मन्दिर के ठीक पीछे के जंगल में स्थित है।

शिलालेख – शिलालेख झाड़ियों के बीच लगा हुआ है।

किंवदन्ती – अयोध्या माहात्म्य के अनुसार श्री विभीषण जी की पत्नी सरमा जी के पूर्व में श्री विघ्नेश जी विराजते हैं। इन्हें विघ्नेश्वर श्री गणेश भी कहा जाता है। इनका दर्शन करने से मनुष्यों को समस्त विघ्नों से मुक्ति मिलती है।

वर्तमान स्थिति – वर्तमान समय में इस स्थान पर लगभग 8 से 10 फ़ीट की कँटीली झाड़ियों का जंगल फैला हुआ है।

36. विभीषण कुण्ड

पता – अयोध्या डाक घर से झुनकी घाट की ओर जाने वाले मार्ग पर लगभग 600 मीटर आगे जाने पर बायीं ओर यह कुण्ड स्थित है।

शिलालेख – कुण्ड के मुख्य द्वार के दायीं ओर चारदीवारी में यह शिलालेख लगा हुआ है।

किंवदन्ती – अयोध्या माहात्म्य के अनुसार कनक भवन के उत्तर में स्थित विभीषण कुण्ड में स्थान पूजन करने से सभी मनोकामनाएँ पूर्ण होती हैं।

37. पिण्डारक

पता – यह स्थान भी मत्तगजेन्द्र जी के मन्दिर के ठीक पीछे के जंगल में विघ्नेश जी से पूर्व में स्थित है।

शिलालेख – शिलालेख झाड़ियों के मध्य लगा हुआ है।

किंवदन्ती – अयोध्या माहात्म्य में रामकोट के वर्णन में पिण्डारक जी का नाम भी आता है। यहाँ इनका वर्णन पिण्डारक वीर के रूप में किया गया है।

मान्यता – मान्यताओं के अनुसार पिण्डारक जी रामकोट के रक्षकों में से एक थे।

38. मातगैंड

पता – यह स्थान अयोध्या सब्ज़ी मंडी से महाराजा स्कूल की ओर 500 मीटर आगे जाने पर बायीं ओर पर स्थित है।

शिलालेख – यह शिलालेख मत्तगयन्द जी के मन्दिर परिसर में पूर्व दिशा की ओर स्थापित है। शिलालेख पर इनका नाम मत्तगजेन्द्र जी अंकित है। इन्हें मातगैंड और मत्तगयन्द आदि नामों से भी जाना जाता है।

किंवदन्ती – मत्तगयन्द जी लंकाधिपति विभीषण के पुत्र थे। इनका स्थान कनक भवन से उत्तर-पूर्व दिशा में स्थित है। ये रामकोट के उत्तरी फाटक के प्रधान रक्षक थे।

मान्यता – वर्तमान मान्यता के अनुसार मत्तगयन्द जी को अयोध्या के कोतवाल के रूप में पूजा जाता है। माना जाता है कि

जब प्रभु श्री राम सरयू नदी में जल समाधि हेतु निकले तो उन्होंने अयोध्या की रक्षा के लिए मत्तगयन्द जी को ही अयोध्या का कोतवाल नियुक्त किया था। इस स्थान को विक्रमादित्य ने होली के बाद पड़ने वाले पहले मंगलवार को पुनर्स्थापित किया था। तब से प्रत्येक वर्ष होली के बाद पड़ने वाले पहले मंगलवार को यहाँ मेला भी लगता है।

39. द्विविद जी

पता – अयोध्या डाकघर से झुनकी घाट की ओर जाने वाले मार्ग पर 350 मीटर आगे जाने पर बायीं ओर यह स्थान स्थित है।

शिलालेख – शिलालेख मुख्य द्वार के बायीं ओर लगा हुआ है।

किंवदन्ती – पौराणिक कथाओं के अनुसार त्रेता युग में जब प्रभु श्रीराम ने अयोध्या में जन्म लिया तो ब्रह्माजी ने समस्त देवता, महर्षि, गरुड़, गन्धर्व, यक्ष, नाग, किंपुरुष, सिद्ध, विद्याधर आदि से कहा कि अब समय आ गया है कि आप सभी लोग अपने दिव्य अंश से पृथ्वी पर रीछ, वानर तथा अन्य वनचरों की स्त्रियों के गर्भ से उत्पन्न हों। तब ब्रह्माजी के आदेशानुसार ही ऐसे पुत्र उत्पन्न हुए जो बलवान, इच्छानुसार रूप धारण करने में समर्थ, माया जानने वाले, शूरवीर, वायुतुल्य वेगशाली, नीतिज्ञ, बुद्धि

मान, विष्णुतुल्य पराक्रमी, किसी से भी परास्त न होने वाले, तरह-तरह के युद्ध उपायों के जानकार, दिव्य शरीरधारी तथा अमृतभोजी देवताओं के समान सब प्रकार की अस्त्रविद्या के गुणों से सम्पन्न थे। इसी क्रम में मैंद और द्विबिद नामक अतिबलशाली वानरों का जन्म हुआ। द्विबिद वानर महान पराक्रमी योद्धा थे। उन्होंने लंका युद्ध में अपने बल एवं पराक्रम से रावण की सेना में हाहाकार मचा दिया था। बड़े-बड़े राक्षसों को यह पैरों से कुचलकर मार दे रहे थे। इनके युद्ध कौशल को देखकर प्रभु श्रीराम ने इन्हें दो युगों की आयु का वरदान दिया। रामचरितमानस में द्विबिद जी के नाम का वर्णन मिलता है।

मान्यता – कृष्णकथाओं के अनुसार द्वापर युग में द्विबिद जी राजा पौंड्रक के सहयोगी हुए। राजा पौंड्रक स्वयं को असली वासुदेव कृष्ण कहता था। एक बार उसने कृष्ण जी का वेश धारण करके उन्हें युद्ध की चुनौती दी। इसी युद्ध में वानरराज द्विबिद का सामना बलराम जी से हुआ। दोनों के बीच भीषण युद्ध हुआ और इस युद्ध में वानरराज द्विबिद की हार हुई और वह भगवान कृष्ण के हाथों द्वापर युग में परमधाम को प्राप्त हुए।

वर्तमान स्थिति – वर्तमान समय में यह स्थान पलटूदास जी के अखाड़े के रूप में जाना जाता है। यहीं पर पलटूदास जी का समाधि स्थल भी है। स्थानीय पुजारी बताते हैं पूर्व में यह मन्दिर द्विबिद क़िला था। आज भी मन्दिर ज़मीन से काफ़ी ऊँचाई पर स्थित है। मन्दिर तक पहुँचने के लिए सैकड़ों सीढ़ियाँ चढ़नी पड़ती हैं। मन्दिर के गर्भगृह में रामदरबार के साथ मुख्य रूप से भगवान जगन्नाथ जी विराजमान हैं। इसी गर्भगृह में पलटूदास जी की समाधि भी स्थित है। यहाँ भगवान जगन्नाथ की पूजा की एक मान्यता है। इसका विस्तृत वर्णन अयोध्या के प्रमुख सन्त पलटूदास जी के जीवन परिचय में किया गया है।

40. सप्तसागर

पता – सप्तसागर कुण्ड मत्तगजेन्द्र जी के ठीक सामने 250 मीटर पर दाहिनी ओर स्थित है।

शिलालेख – शिलालेख को भू-माफियाओं द्वारा ग़ायब कर दिया गया है।

किंवदन्ती – अयोध्या माहात्म्य के अनुसार अयोध्या में सम्पूर्ण अर्थ सिद्धिप्रद परम-पवित्र सप्तसागर तीर्थ है। यहाँ विधिपूर्वक स्नान करने से धर्म-प्रिय प्राणियों की सारी कामनाएँ पूर्ण होती हैं। इस तीर्थ की वार्षिक यात्रा आश्विन पूर्णिमा को की जाती है। यहाँ पितरों का तर्पण श्राद्ध एवं दान करना फलप्रद माना गया है।

मान्यता – मान्यताओं के अनुसार प्रभु श्रीराम के राज्याभिषेक के लिए सातों सागर से लाये गये जल को इसी कुण्ड में रखा गया था, इसीलिए इसे सप्तसागर कहा जाने लगा।

41. मयंद

पता – यह स्थान पलटूदास जी के अखाड़े के ठीक सामने स्थित है।

शिलालेख – शिलालेख सड़क किनारे नाली पर लगा हुआ है।

किंवदन्ती – पौराणिक कथाओं के अनुसार मयंद वानरराज द्विबिद के भाई थे। यह भी उन्हीं के समान वीर एवं बलवान थे।

मान्यता – रामचरितमानस के दोहे में द्विबिद जी के साथ इनके नाम का वर्णन मिलता है।

द्विबिद मयंद नील नल अंगद गद बिकटासि।
दधिमुख केहरि निसठ सठ जामवन्त बलरासि। (काण्ड...)

इस दोहे के अनुसार द्विबिद, मयंद, नील, नल, अंगद, गद, विकटास्य, दधिमुख, केसरी, निशठ, शठ और जाम्बवान ये सभी वानरराज इतने वीर एवं शक्तिशाली हैं कि इन्हें बल की राशि की संज्ञा दी जाती है।

वर्तमान स्थिति – वर्तमान समय में यहाँ जर्जर हालत में एक छोटा-सा मन्दिर स्थित है। इस मन्दिर में ताला लगा हुआ है और मन्दिर के तीनों ओर बने कमरों में किरायेदार रहते हैं एवं मन्दिर के सामने दुकानें बन गयी हैं। यह मन्दिर भी पल्टूदास के अखाड़े के अन्तर्गत आता है।

स्थानीय लोगों की राय – स्थानीय जनों का कहना है कि मन्दिर को खोलकर उसकी साफ़-सफ़ाई करके पूजा प्रारम्भ होनी चाहिए।

42. जामवन्त जी

पता – यह स्थान अयोध्या हनुमान गढ़ी के सामने राजद्वार के बगल से जाने वाले मार्ग पर 200 मीटर आगे स्थित है।

शिलालेख – शिलालेख मन्दिर के बाहर नाली पर लगा हुआ है।

किंवदन्ती – धर्मग्रन्थों में जामवन्त जी को अग्निपुत्र कहा गया है। पुराणों में कहा गया है कि जामवन्त जी की मानसिक एवं स्मरण शक्ति बहुत अधिक थी। उन्हें सम्पूर्ण वेद एवं उपनिषद् कण्ठस्थ थे। जामवन्त जी सदैव कुछ शिक्षा ग्रहण करते रहते थे। उनके स्वाध्याय के कारण ही उन्हें लम्बी आयु का वरदान प्राप्त था। पौराणिक ग्रन्थों में कहा गया है कि हनुमान जी एवं परशुराम जी के बाद जामवन्त जी ही ऐसे हैं जिनका तीनों युगों में होने का वर्णन मिलता है। जामवन्त जी को हनुमान जी और परशुराम जी से बड़ा माना गया है। कहा जाता है राजा बलि के काल की मान्यताओं के अनुसार जामवन्त जी ने भगवान विष्णु के वामन अवतार को अपनी आँखों से देखा था।

मान्यता – जामवन्त जी को रीछपति भी कहा जाता है। इन्होंने ही समय आने पर हनुमान जी को उनकी शक्ति का स्मरण कराया था। रामचरितमानस में इसका वर्णन मिलता है–

कहइ रीछपति सुनु हनुमाना। का चुप साधि रहेहु बलवाना।।
पवन तनय बल पवन समाना। बुधि बिबेक बिग्यान निधाना। (काण्ड...)

(रीछपति जामवन्त जी ने श्री हनुमान जी से कहा– हे हनुमान हे बलवान सुनो, तुमने यह क्या चुप साध रखी है? तुम पवन के पुत्र हो और बल में पवन के समान हो। तुम बुद्धि-विवेक और विज्ञान की खान हो।)

वर्तमान स्थिति – वर्तमान समय में यह स्थान जामवन्त क़िला के रूप में जाना जाता है। मन्दिर के गर्भगृह में रामदरबार स्थापित है। जामवन्त जी मन्दिर के मुख्य द्वार के ऊपर विराजमान हैं। मन्दिर पर लगे एक शिलालेख के अनुसार इस मन्दिर का पुनर्निर्माण सन् 1895 में कराया गया है।

43. श्री केशरी

पता – यह स्थान जामवन्त क़िला के बगल में स्थित है।

शिलालेख – शिलालेख मन्दिर के बाहर नाली में लगा हुआ है।

किंवदन्ती – अयोध्या माहात्म्य के अनुसार जामवन्त जी के दक्षिण में केशरी जी विराजमान हैं और वह भी रामकोट दुर्ग के मुख्य रक्षक में से एक हैं। केशरी जी श्री हनुमान जी के पिता हैं। केशरी जी के इस

मन्दिर में केशरी-किशोर यानी हनुमान जी की पूजा की जाती है। इस प्रकार यह केशरी जी के निज स्थान को दर्शाता है। इस मन्दिर के ठीक पीछे माता अंजनी की गुफा है जिसे अंजनी गुफा के नाम से जाना जाता है। यहाँ हनुमान जी बाल रूप में माता अंजनी की गोद में विराजमान हैं।

मान्यता – रामप्रिय शरण जी बताते हैं कि ऐसी मान्यता है कि इस मन्दिर की स्थापना भगवान जगन्नाथ जी की यात्रा के दिन हुई थी। इसी के उपलक्ष्य में प्रत्येक वर्ष जगन्नाथ यात्रा का दिन यहाँ भव्य रूप से मनाया जाता है। इस दिन यहाँ मन्दिर में फूल बंगला झाँकी के साथ विशाल भण्डारे का आयोजन किया जाता है।

वर्तमान स्थिति – श्री केशरी जी के इस मन्दिर के मुख्य द्वार पर लगे शिलालेख के अनुसार इस स्थान का वर्तमान नाम माधुरी कुंज है। यहाँ के महन्त श्री वैदेही शरण जी हैं। इन्हीं के द्वारा इस स्थान का पुनर्निर्माण कराया गया है।

44. प्रमोद वन

पता – शिलालेख सड़क के किनारे एक घर के मुख्य द्वार पर लगा हुआ है।

शिलालेख – यह स्थान अयोध्या नगर निगम के मीरापुर वार्ड में स्थित है।

वर्तमान स्थिति – वर्तमान में प्रमोद वन के नाम से यहाँ एक मोहल्ला बसा हुआ है, परन्तु यहाँ इस नाम से कोई मन्दिर, कुण्ड, उपवन आदि कुछ नहीं है।

45. रामघाट

पता – यह स्थान कारसेवकपुरम से पश्चिम की ओर जाने वाले मार्ग पर तपस्वी जी की छावनी के बगल पड़ता है।

शिलालेख – शिलालेख तपस्वी छावनी के पूर्व सड़क पर असुरक्षित स्थिति में लगा हुआ है।

किंवदन्ती – पौराणिक ग्रन्थों के अनुसार सरयू तट के घाटों में रामघाट की महिमा सबसे अधिक है। अयोध्या माहात्म्य में कहा गया है कि चैत्र रामनवमी को इस घाट पर सभी देवी-देवता, सुर, असुर, नर, नाग, यक्ष, गन्धर्व, किन्नर, पिशाच, नक्षत्र, ब्रह्मादि देवता प्रभु के जन्मोत्सव पर यहाँ स्नान करके राघवेन्द्र सरकार का दर्शन कर विशुद्ध भाव को प्राप्त होते हैं।

46. सुग्रीव कुण्ड

शिलालेख – शिलालेख भू-माफियाओं द्वारा ग़ायब कर दिया गया है।

किंवदन्ती – रुद्रयामल ग्रन्थ के अनुसार यह सभी कामनाओं को पूर्ण करने वाला तीर्थ है। यहाँ की वार्षिक यात्रा चैत्र सुदी नवमी को की जाती है।

मान्यता – यह स्थान अब नष्ट कर दिया गया है, जिसके कारण वर्तमान में यहाँ की कोई स्थानीय मान्यता प्राप्त नहीं होती।

47. हनुमत कुण्ड

शिलालेख – शिलालेख कुण्ड के सामने नीम के वृक्ष के नीचे लगा हुआ है। शिलालेख की लिखावट को किसी बदमाश द्वारा खोद कर ख़राब कर दिया गया है।

किंवदन्ती – इस कुण्ड का वर्णन रुद्रयामल ग्रन्थ में मिलता है–

मंगले मंगले देवि यात्र स्यात् प्रतिमासिकी।
तस्मिन् कुण्डे नरः स्नात्वा पूजयेत वायुनंदनम्।।

प्रत्येक मास के मंगलवार को यहाँ की यात्रा करनी चाहिए। हनुमान कुण्ड में स्नान करके श्री वायुनन्दन हनुमान जी का दर्शन करना चाहिए।

48. स्वर्णखनि कुण्ड

पता – यह स्थान श्री रघुनाथदास छावनी के उत्तर द्वार पर स्थित है।

शिलालेख – शिलालेख कुण्ड के तट पर लगा हुआ है।

किंवदन्ती – अयोध्या माहात्म्य के अनुसार अयोध्या में एक महान एवं प्रतापी सम्राट श्री रघु अयोध्या के राजा थे। चतुर्दिक विजय की प्राप्ति के बाद श्री वशिष्ठ जी की आज्ञा से वामदेव, कश्यप, गालव, भारद्वाज आदि महर्षियों को आमन्त्रित कर उनके आज्ञा अनुसार विश्वजीत यज्ञ किया। यज्ञ सम्पन होने के बाद महाराज रघु ने सर्वस्व दान कर दिया, केवल छत्र एवं चमर ही राज-चिह्न के रूप में अवशेष रह गये। इसी अवसर पर श्री वरतन्तु जी के शिष्य श्री कौत्स जी अयोध्या पधारे एवं उन्होंने महाराज रघु से अपने गुरु को गुरुदक्षिणा देने के लिए धन का आग्रह किया।

महाराज रघु को अपने खाली कोष की पूर्ण जानकारी थी। उन्होंने मन्त्रियों को बुलवाया और आदेश किया कि कुबेर पर चढ़ाई की जाये और वहाँ से धन ला कर कौत्स जी को दिया जाये। जब इस बात की जानकारी कुबेर को हुई तो उन्होंने महाराज रघु के आने के पूर्व ही इसी स्थान पर स्वर्ण की वर्षा कर दी। महाराज रघु ने यह सारा धन कौत्स जी को अर्पण किया। कौत्स जी ने उसमें से कुछ ही धन लिया एवं शेष धन जरूरतमन्दों को दान करवा दिया एवं महाराज रघु को बतलाया कि अब यह स्थान स्वर्णखनि तीर्थ के नाम से जाना जायेगा।

मान्यता – पौराणिक मान्यताओं के अनुसार वैशाख शुक्ल द्वादशी एवं आश्विन शुक्ल दशमी को यहाँ की यात्रा तथा स्नान, दान आदि करने से सभी मनोकामनाएँ पूर्ण होती हैं।

49. यज्ञवेदी

पता – यह स्थान अयोध्या के सीताकुण्ड वार्ड में स्थित है।

शिलालेख – शिलालेख मन्दिर के बाहर सड़क के किनारे लगा हुआ है।

मान्यता – अयोध्या माहात्म्य के अनुसार यहाँ प्रभु श्रीराम द्वारा कई यज्ञ सम्पन्न किये गये थे। इसी कारण यज्ञवेदी को अयोध्या के सबसे पवित्र स्थानों में से एक माना जाता है।

वर्तमान स्थिति – वर्तमान समय में मन्दिर के गर्भगृह में रामदरबार स्थापित है।

50. सरयू तिलोदकी संगम

पता – यह स्थान सीताकुण्ड से पूर्व की ओर जाने पर लगभग 200 मीटर पर स्थित है।

शिलालेख – यह शिलालेख स्थापना के समय पर तिलोदकी नदी के किनारे लगा हुआ था, मगर भू-माफियाओं द्वारा इस नदी को पाट कर आवासीय कालोनियों में बदल दिया गया और शिलालेख को मिट्टी में दबा दिया गया था। अत्यधिक प्रयास के बाद हमने इस शिलालेख को खोज कर कुछ लोगों की सहायता से इसे पुनः एक बेर के वृक्ष के नीचे स्थापित करवाया।

किंवदन्ती – श्री अयोध्या माहात्म्य के अनुसार सिन्धु देश के घोड़ों के जल पीने हेतु अपने राज्य में दूसरी सिन्धु नदी के समान इस तिलोदकी नदी का निर्माण स्वयं श्री रामचन्द्र जी ने किया था। तिल के समान श्याम वर्ण जल के कारण इस नदी का नाम तिलोदकी गंगा एवं तिलई पड़ा। यहाँ की वार्षिक यात्रा भादों की अमावस्या के दिन की जाती है।

मान्यता – लोक मान्यता में कहीं-कहीं इस नदी को तिलोदकी गंगा या तिलई गंगा कहा जाता है जिसकी पुष्टि अयोध्या माहात्म्य में भी की गयी है। स्कन्द पुराण में इस नदी के सन्दर्भ में लिखा गया है–

रामेण निर्मिता पूर्व नदी सिन्धुरिवापरा।
सिन्धुजानां तुरंगानां जलपानयि सुबते।।
तिलवत श्याममुदकं यतस्तस्याः सदाबभौ।
तिलोदकीति साख्याता पुण्यतोया सदानदी।।

इसी क्रम में अयोध्या के प्रसिद्ध सन्त स्व. रामकुमार दास जी 'रामायणी जी' द्वारा लिखी गयी पुस्तक 'रत्नाचल का इतिहास' में तिलोदकी नदी का वर्णन मिलता है। अयोध्यापुरी के अन्तर्गत अयोध्या क्षेत्र में

ही सरयू से मिलने वाली सभी चार नदियों में तिलोदकी सबसे छोटी नदी है। इस नदी की विशेषता यह भी है कि जब श्री राघवेन्द्र सरकार की झूलन लीला प्रारम्भ होती है और जब तक श्री सीताराम युगल सरकार दो महीने तक झूलन-विहार का आनन्द लेते हैं तभी तक तिलोदकी प्रवाहित रहती है, और जब प्रभु अन्य लीलाओं हेतु यहाँ से चले जाते हैं तब यह उनके वियोग में सूख जाती है।

51-52. अशोक वाटिका सीता कुण्ड

शिलालेख – यह शिलालेख कुण्ड के तट पर झाड़ियों के बीच लगा हुआ है।

पता – यह नगर निगम के सीता कुण्ड वार्ड में स्थित है।

किंवदन्ती – अयोध्या माहात्म्य के अनुसार श्रीराम जी की अशोक वाटिका के वर्णन में कहा गया है कि उस काल में इस वाटिका के समान कोई और वाटिका नहीं थी। इस वाटिका में चन्दन, अगर, सभी ऋतुओं में फल देने वाले वृक्ष थे। वाटिका के चारों ओर देवदारु वृक्षों के वन सुशोभित होते थे। चम्पा, अगर, महुआ, कटहल, असम नामक वृक्ष वाटिका की विशेष शोभा को बढ़ाते थे। इसी के मध्य धूमरहित अग्नि के समान कान्त वाले पारिजात, कदम्ब, नागवृक्ष, मन्दार, केलों का समूह, जामुन, अनार, कोविदार आदि वृक्षों के फल एवं सुगन्ध वाटिका और दिव्य रूप में दिखाई देती थी। उस काल में जिस प्रकार इन्द्र देव का नन्दनवन, कुबेर का चैत्ररथवन था उसी प्रकार श्री रामचन्द्र जी ने इस अशोक वाटिका की रचना की थी।

इसी वाटिका में माता सीता द्वारा स्थापित एक कुण्ड भी है जो सीता कुण्ड के नाम से जाना जाता है। पौराणिक मान्यताओं के अनुसार यह कुण्ड महाफलों के देने में नव निधियों के समान है। यहाँ की वार्षिक यात्रा अगहन बदी चतुर्दशी को होती है। इस तिथि को यहाँ विधिपूर्वक स्नान-पूजन करने से सभी मनोकामनाएँ पूर्ण होती हैं।

मान्यता – मान्यताओं के अनुसार चैत्र मास में होने वाली चौरासी कोसी परिक्रमा इसी कुण्ड पर आ कर समाप्त होती है। चौरासी कोसी परिक्रमा प्रभु श्रीराम के जन्म से प्रारम्भ हो कर माता सीता के जन्म दिन, जानकी नवमी को समाप्त होती है। इस दिन इसी कुण्ड पर रामार्चा यज्ञ एवं विशाल भण्डारे का आयोजन होता है।

53. अग्नि कुण्ड

पता – यह कुण्ड विद्या कुण्ड चौराहे से सीता कुण्ड की ओर जाने वाले मार्ग पर 100 मीटर आगे जाने पर बायीं ओर स्थित है।

शिलालेख – शिलालेख सड़क के किनारे कुण्ड की चारदीवारी से सटा कर लगा हुआ है।

किंवदन्ती – अयोध्या माहात्म्य के अनुसार त्रेता युग में यह कुण्ड रत्नों से सजाया हुआ था। इसके चारों ओर सहस्र हरिभक्त ब्राह्मण निवास किया करते थे। अज्ञान, अन्धकार एवं पाप का नाश करनेवाला यह कुण्ड अग्नि कुण्ड के नाम से जाना जाता है। यहीं पर वेद पारंगत ब्राह्मणों ने दक्षिणाग्नि, गार्हपत्याग्नि एवं हवनीयाग्नि की स्थापना की थी।

मान्यता – मान्यता अनुसार अग्नि कुण्ड की वार्षिक यात्रा अगहन कृष्ण प्रतिपदा को करनी चाहिए। इससे सभी प्रकार के कष्ट एवं भय दूर होते हैं।

54. विद्या कुण्ड

पता – यह कुण्ड मणि पर्वत से पूर्व दिशा में स्थित है।

शिलालेख – शिलालेख कुण्ड के पूर्वी तट पर लगा हुआ है।

किंवदन्ती – अयोध्या माहात्म्य के अनुसार विद्या कुण्ड के दक्षिणी तट पर स्थित विद्या देवी के दर्शन से पूर्व इसो कुण्ड में स्नान करते हैं। इसी कारण इसका नाम भी विद्या कुण्ड पड़ा।

55. विद्या देवी जी

पता – यह स्थान विद्या कुण्ड के दक्षिणी तट पर स्थित है।

शिलालेख – शिलालेख कुण्ड के दक्षिणी तट पर विद्या देवी के मन्दिर की दीवार से सटा कर लगा हुआ है।

किंवदन्ती – अयोध्या माहात्म्य के अनुसार विद्या कुण्ड में स्नान के पश्चात् विद्या देवी का दर्शन-पूजन करना चाहिए। इस स्थान पर 'नमो महाविधायै' मन्त्र के जाप के साथ पूजन करने से विद्या, बुद्धि, ऐश्वर्य में वृद्धि होती है।

मान्यता – मन्दिर के पुजारी परमात्मा दास जी बताते हैं, त्रेता

युग में इस मन्दिर की स्थापना राजा इक्ष्वाकु के द्वारा की गयी थी। उनके कुल गुरु वशिष्ठ जी इक्ष्वाकु वंश के सभी राजाओं के बाल्यकाल में उन्हें लेकर इसी स्थान पर आते थे एवं विद्या देवी के मन्दिर में सर्वप्रथम अक्षर का उच्चारण करवाते थे। पुजारी जी बताते हैं कि आज भी दूर-दूर से लोग अपने बच्चों का विद्यालय में दाखिला करवाने से पूर्व यहाँ लाकर विद्या देवी के दर्शन करवाते हैं। कुछ श्रद्धालु अपने बच्चों का मुण्डन संस्कार भी इसी स्थान पर करवाते हैं। पौराणिक ग्रन्थों में इस स्थान की वार्षिक यात्रा आश्विन शुक्ल नवरात्रि की अष्टमी को होती है, परन्तु पुजारी जी बताते हैं कि बसन्त पंचमी को इस मन्दिर में सर्वाधिक भीड़ होती है। प्रातःकाल से देर रात्रि तक श्रद्धालुओं की भीड़ लगी रहती है।

वर्तमान स्थिति – मन्दिर के गर्भगृह में मुख्य रूप से माता सरस्वती विद्या देवी के रूप में विराजमान हैं। मन्दिर में लगे एक शिलालेख के अनुसार इस स्थान का जीर्णोद्धार कार्य 2008 में कराया गया है। गर्भगृह में ही माता विद्या देवी के बायीं ओर एक अति प्राचीन शिलाखण्ड अवशेष रखा हुआ है। पुजारी जी का कहना है कि यह सैकड़ों वर्ष पुराना है। पुरातत्त्व विभाग ने भी इसकी पुष्टि की है।

ESTD.-1986

56. सिद्ध पीठ

पता – यह स्थान विद्या कुण्ड के पश्चिमी तट पर स्थित है।

शिलालेख – शिलालेख मन्दिर के मुख्य द्वार पर दायीं ओर लगा हुआ है।

किंवदन्ती – अयोध्या माहात्म्य के अनुसार इस स्थान की विशेषता है कि यहाँ मन्त्रों का अनुष्ठान जप, होम एवं तर्पण के साथ करने पर शीघ्र ही सिद्धि प्राप्त होती है। जिन सिद्धियों को पाने के लिए साधु सन्त अन्य स्थानों पर कई वर्षों तक घोर तपस्या करते हैं, वह सिद्धियाँ यहाँ शीघ्र ही प्राप्त हो जाती हैं।

वर्तमान स्थिति – वर्तमान समय में मन्दिर की स्थिति अत्यन्त सुन्दर है। मन्दिर के महन्त श्री प्रेमशंकर दास जी बताते हैं कि वह 1993 से इस स्थान के महन्त हैं। उनके पूर्व इस स्थान की दशा अत्यन्त दयनीय थी, मगर उनके अथक प्रयासों से यह स्थान पुनः जाग्रत हो गया। मन्दिर के गर्भगृह में रामदरबार विराजमान है। मन्दिर के भीतर ही एक कुआँ है। इसी कुएँ से मन्दिर परिसर के जल की आपूर्ति की जाती है। आज भी इस कुएँ से रस्सी के सहारे जल की निकासी की जाती है।

57. खर्जू कुण्ड

पता – अयोध्या विद्या कुण्ड चौराहे से दर्शन नगर की ओर जाने वाले मार्ग पर लगभग 1 किलोमीटर आगे जाने पर बायीं ओर स्थित है।

शिलालेख – शिलालेख कुण्ड के सामने लगा हुआ है। सड़क निर्माण में शिलालेख ढँक गया है। वर्तमान में मात्र शिलालेख क्रमांक ही दिखाई पड़ता है।

किंवदन्ती – श्री अयोध्या माहात्म्य के अनुसार विद्या कुण्ड से दक्षिण दिशा में खर्जू कुण्ड नामक तीर्थ स्थित है। इस तीर्थ पर स्नान मात्र से नर खाज, दाद आदि रोगों से मुक्त हो जाता है। इस तीर्थ पर रविवार को दर्शन पूजन से विशेष लाभ होता है।

मान्यता – स्थानीय मान्यताओं के अनुसार इस कुण्ड में स्नान करने से सभी प्रकार के चर्म रोगों से मुक्ति मिलती है।

58. मणि पर्वत

पता – विद्या कुण्ड चौराहे से रानोपली की ओर जाने वाले मार्ग पर 200 मीटर आगे जाने पर बायीं ओर स्थित है।

शिलालेख – शिलालेख मणि पर्वत के सामने लगे पुरातत्त्व विभाग के बोर्ड से सटा कर लगा हुआ है।

किंवदन्ती – श्री अयोध्या माहात्म्य के अनुसार प्राचीन काल में मणि पर्वत अनेक प्रकार के वृक्षों, लताओं, लताकुओं से घिरा हुआ था। एक कथा के अनुसार एक बार माता जानकी ने प्रभु श्रीराम से आग्रह किया कि प्रभु अगर आप मुझ पर प्रसन्न हैं तो अयोध्या में क्रीड़ा करने के लिए एक दिव्य पर्वत लाइये क्योंकि आप तो रघुवंश शिरोमणि हैं।

प्रभु श्रीराम ने उसी समय पक्षियों के राजा गरुड़ जी का स्मरण किया। स्मरण करते ही पक्षीराज गरुड़ वहाँ उपस्थित हुए एवं प्रभु श्रीराम से सेवा हेतु आज्ञा माँगी। श्रीराम ने उनसे कहा हे बिनतापुत्र आप कुबेर जी के उत्तर दिशा में जाकर शीघ्र ही मंगलमय मणियों का पर्वत ले आइये। गरुड़ देव आज्ञा अनुसार कौवेरी दिशा में जाकर मणियों से युक्त पर्वत को श्रीराम जी के लिए लाकर खड़े हो गये और श्रीराम जी से पूछा कि जो स्थान महारानी जानकी जी को प्रिय हो, वह स्थान बतलाइये। श्रीराम जी ने कहा हे पक्षीराज आप इस पर्वत को विद्या कुण्ड के समीप ही पश्चिम दिशा में रखिये। गरुड़ देव ने पर्वत को वहीं स्थापित किया और श्रीराम की परिक्रमा करके स्वर्ग को चले गये।

मान्यता – मान्यताओं के अनुसार आज भी अयोध्या का सावन झूला मेला यहीं लगता है। यह पर्वत सुमेरु तथा मन्दराचल पर्वत के तुल्य ही है जहाँ लोगों के पाप कर्मों की राशि मणि पर्वत के दर्शन मात्र से क्षण में ही नष्ट हो जाती हैं।

श्री सीताराम जी

59. गणेश कुण्ड

पता – यह कुण्ड मणि पर्वत के ठीक पीछे स्थित है।

शिलालेख – शिलालेख सड़क के किनारे कुण्ड के तट पर एक खजूर के वृक्ष से सटा कर लगा हुआ है।

किंवदन्ती – श्री अयोध्या माहात्म्य के अनुसार मणि पर्वत से दक्षिण में उत्तम गणेश कुण्ड तीर्थ स्थित है। इन्द्रियों को वश में करके 'ॐ नमः श्री गणेशाय' इस मन्त्र से यहाँ पूजन करने से श्री गणेश मनुष्य की सभी विघ्नों को नष्ट करते हैं।

यहाँ की वार्षिक यात्रा माघ मास के कृष्णपक्ष के चतुर्थी को होती है।

60. दशरथ कुण्ड

पता – परिक्रमा मार्ग से मोहबरा बाज़ार से अयोध्या जाने वाले मार्ग पर लगभग एक किलोमीटर आगे जाने पर यह स्थान स्थित है।

शिलालेख – शिलालेख कई वर्षों पूर्व स्थानान्तरित करके नवीन परिक्रमा मार्ग के एक तालाब के किनारे लगा दिया गया है। आज इसे ही दशरथ कुण्ड माना जाता है।

किंवदन्ती – अयोध्या माहात्म्य के अनुसार दशरथ कुण्ड की यात्रा एवं स्नान, दान भाद्र पूर्णिमा को करनी चाहिए जिससे सभी मनोकामनाएँ पूर्ण होती हैं।

मान्यता – वर्तमान दशरथ कुण्ड पंचकोसी परिक्रमा मार्ग के किनारे पर स्थित है। यह वास्तविक कुण्ड नहीं है। परिक्रमा में आनेवाले श्रद्धालु इस तालाब के जल में स्नान, आचमन आदि करते हैं।

वर्तमान स्थिति – वर्तमान समय में अयोध्या में कलियुग का जीवित उदाहरण यह दशरथ कुण्ड है।

ESTD.-1986

61. कौशल्या कुण्ड

पता – काल्पनिक दशरथ कुण्ड से थोड़ा आगे जाने पर तिलोदकी नदी पड़ती है (आजकल लोग इसे तिलई नाला बोलते हैं) इसी के साथ-साथ जाने वाले मार्ग पर लगभग 800 मीटर आगे बायीं ओर यह स्थान स्थित है।

शिलालेख – शिलालेख लुप्तप्राय कुण्ड के सामने झाड़ियों में लगा हुआ है। इस पर से कुण्ड के नाम को मिटाने का प्रयास किया गया है।

किंवदन्ती – अयोध्या माहात्म्य के अनुसार दशरथ कुण्ड के साथ कौशल्या कुण्ड को यात्रा भी भाद्र पूर्णिमा को की जाती है।

ESTD.-1986

62. सुमित्रा कुण्ड

पता – कौशल्या कुण्ड के पश्चिम में लगभग 100 मीटर की दूरी पर स्थित है।

शिलालेख – शिलालेख एक खेत की मेंड़ पर लगा हुआ है।

किंवदन्ती – अयोध्या माहात्म्य के अनुसार सुमित्रा कुण्ड की वार्षिक यात्रा भाद्र अमावस्या को की जाती है। इस दिन यहाँ स्नान, पूजन, दान आदि करने से सभी मनोकामनाएँ पूर्ण होती हैं।

मान्यता – कुण्ड लुप्त है। वर्तमान में यहाँ की कोई स्थानीय मान्यता नहीं है।

63. भरत कुण्ड (कैकेयी कुण्ड)

पता – यह कुण्ड मोहबरा बाज़ार के समीप परिक्रमा पर स्थित कबीर मठ के ठीक पीछे स्थित है।

शिलालेख – शिलालेख कुण्ड के पूर्वी तट पर सुरक्षित लगा हुआ है।

किंवदन्ती – सुमित्रा कुण्ड के साथ इस कुण्ड की वार्षिक यात्रा भी भाद्र अमावस्या को की जाती है।

मान्यता – स्थानीय निवासी जगराम बताते हैं बहुत पहले यहाँ मेला लगता था मगर वह अब समाप्त हो चुका है।

64. दुर्भरसर कुण्ड

पता – यह स्थान मोहबरा चौराहे से पश्चिम दिशा को जानेवाले मार्ग पर लगभग 100 मीटर आगे जाने पर दाहिनी ओर स्थित है।

शिलालेख – शिलालेख को भू-माफियाओं द्वारा ग़ायब कर दिया गया है।

किंवदन्ती – श्री अयोध्या महात्म्य के अनुसार एक बार इसी स्थान पर श्री हरि विष्णु व शिव जी मन्त्रणा कर रहे थे, तभी महाभरि व दुर्भरि नामक दो भाई कमल पुष्प को कन्धे पर लेकर वहाँ पहुँच गये और विश्राम करने लगे। इन कमल पुष्पों को देखकर भगवान शिव व भगवान विष्णु प्रसन्न हो गये और दर्शन देकर वरदान दिया कि यहीं पर तुम दोनों के नाम पर दुर्भरसर और महाभरसर तीर्थ होंगे। इनमें स्नान करने वाले लोग मनवांछित फल प्राप्त करेंगे।

मान्यता – मान्यता अनुसार महाभरसर तीर्थ की वार्षिक यात्रा भादों बदी चतुर्दशी को होती है। इस तिथि को यहाँ स्नान, दान, शिवपूजा एवं विशेष रूप से विप्रपूजा की मान्यता है।

65. महाभरसर कुण्ड

पता – मोहबरा बाज़ार चौराहे से एनएच 24 की ओर जाने वाले मार्ग पर लगभग 500 मीटर आगे जाने पर दाहिनी ओर यह स्थान है।

शिलालेख – शिलालेख मुख्य मार्ग के किनारे एक बिजली के खम्बे के बगल में असुरक्षित स्थिति में लगा हुआ है।

66. बृहस्पति कुण्ड

पता – अयोध्या टेढ़ी बाज़ार चौराहे पर यह कुण्ड स्थित है।

शिलालेख – शिलालेख कुण्ड के सामने सड़क के किनारे असुरक्षित स्थिति में लगा हुआ है।

किंवदन्ती – अयोध्या माहात्म्य के अनुसार उर्वशी कुण्ड के पूर्व दिशा में अति मनोहर तीर्थ कमलों से सुशोभित बृहस्पति कुण्ड नाम से प्रसिद्ध है, जो मनुष्य के सभी पापों को दूर करने वाला है। इस तीर्थ पर स्वयं देवगुरु निवास करते हैं। इस तीर्थ पर उत्कृष्ट बुद्धि वाले बृहस्पति जी ने विधिपूर्वक यज्ञ किया था।

मान्यता – मान्यताओं के अनुसार यहाँ की वार्षिक यात्रा भादों सुदी पंचमी को की जाती है। दूसरा पर्व दिन प्रत्येक बृहस्पतिवार को मनाया जाता है। यहाँ की यात्रा फल देने वाली है। जिसके गोचर में बृहस्पति अरिष्ट स्थान पर हों, वह नर गुरुवार के दिन अपने नाम से संकल्प करके इस तीर्थ पर स्नान करे तो उसे बृहस्पति की पीड़ा नहीं होती है।

67. धनयक्ष कुण्ड

पता – यह कुण्ड टेढ़ी बाज़ार चौराहे से कटरा की ओर जाने वाले मार्ग पर लगभग 300 मीटर आगे जाने पर बायीं ओर स्थित है।

शिलालेख – शिलालेख सड़क के किनारे बायीं ओर लगा है।

किंवदन्ती – यह कुण्ड महाराज हरिश्चन्द्र के राज्य काल से है।

पौराणिक ग्रन्थों एवं अयोध्या माहात्म्य के अनुसार 'धनयक्ष कुण्ड' कलियुग में अपने महत्त्व का पूर्ण प्रमाण देने वाला है। इस कुण्ड को विशेष रूप से विश्वामित्र जी का वरदान प्राप्त है। यह प्रत्यक्ष प्रत्ययकारक है, अर्थात् जिसमें स्नान करने मात्र से मनुष्य के शरीरजात पसीने में होनेवाली दुर्गन्ध से तत्काल मुक्ति मिलती है। इस स्थान पर नव निधियों का पूजन करना चाहिए।

पद्‌म निधि, महापद्‌म निधि, शंख निधि, मकर निधि, कच्छप निधि, मुकुंद निधि, नन्द निधि, नील निधि, खर्व निधि ये नव-निधियाँ हैं। कुण्ड जल में विधिपूर्वक नव-निधियों का एवं श्री लक्ष्मी जी का पूजन, स्नान, दान, तर्पण, और गुप्तदान करने पर दरिद्रता का नाश होता है। इस कुण्ड पर स्नान करके 'ॐ नमः प्रमन्थराय' मन्त्र से पूजन करना चाहिए।

मान्यता – स्थानीय मान्यताओं के अनुसार यहाँ मकर संक्रान्ति एवं गुरु पूर्णिमा का मेला लगता था, मगर वह अब समाप्त हो चुका है। आज भी लोग यहाँ बच्चों के मुण्डन संस्कार के लिए आते हैं।

68. उर्वशी कुण्ड

पता – अयोध्या में स्थित साकेत महाविद्यालय का एक भवन इसी कुण्ड पर बना हुआ है।

शिलालेख – साकेत महाविद्यालय में स्थित इलाहाबाद बैंक के मुख्य द्वार के बायीं ओर यह शिलालेख स्थित है।

किंवदन्ती – श्री अयोध्या माहात्म्य के अनुसार योगिनी कुण्ड के पूर्व दिशा में उत्तम उर्वशी कुण्ड स्थित है। मान्यतानुसार इस कुण्ड पर उर्वशी अप्सरा स्नान करके शाप मुक्त हुई एवं सुन्दर रूप में देवलोक पहुँच गयी।

पौराणिक मान्यताओं के अनुसार पूर्वकाल में धीर तपस्वी रैम्य मुनि हिमालय के समीप सभी इन्द्रियों को जीतकर आहार त्याग कर तप करने लगे। उस समय मुनि के घोर तप को देखकर देवराज इन्द्र भयभीत होने लगे एवं रैम्य मुनि के तप में विघ्न डालने के लिए उर्वशी अप्सरा को मृत्युलोक में उनके पास भेजा।

उर्वशी रैम्य मुनि के आश्रम में रहने लगी। आश्रम के समीप वन का वर्णन करते हुए कहते हैं कि वह आश्रम पृथ्वी पर स्वर्ग के समान सुन्दर है। उर्वशी आश्रम में इधर-उधर पुष्पों के बीच घूम रही थी तभी रैम्य मुनि ने उर्वशी को देखा और वह क्रोध से जलने लगे और उर्वशी के तपभंगकारी अनेक छलों को देखकर उसे शाप दिया कि यदि तुम अपनी सुन्दरता के गर्व में तप में विघ्न डालने हेतु इस आश्रम में आयी हो, तो शीघ्र ही तुम कुरूप हो जाओ। रैम्य मुनि के शाप देते ही उर्वशी व्याकुल हो उठी और

हाथ जोड़कर विनम्रता से मुनि जी से कहने लगी, हे मुनि! आप मेरे ऊपर प्रसन्न हो जायें क्योंकि मैं पराधीना हूँ। हे मुनिवर! मेरे ऊपर इस शाप से मुक्त होने का मार्ग बतायें। रैम्य मुनि ने उर्वशी से कहा कि अयोध्यापुरी में तुम्हारे ही नाम का एक विशाल तीर्थ है तुम उसमें स्नान करने के पश्चात् पुनः सुन्दर रूप को प्राप्त होगी।

मान्यता – पौराणिक मान्यताओं के अनुसार यहाँ की वार्षिक यात्रा भादों सुदी तीज को होती है। इस दिन यहाँ की यात्रा एवं स्नान दान करके जो नर या नारी विष्णु भगवान की आराधना करता है वह विष्णुलोक में निवास करता है।

69. चुटकी देवी

पता – यह स्थान अयोध्या में स्थित साकेत महाविद्यालय के ठीक सामने स्थित है।

शिलालेख – मन्दिर प्रांगण में सुरक्षित लगा हुआ है।

किंवदन्ती – राम नगरी अयोध्या में स्थित माता चुटकी देवी का स्थान है जहाँ भादों शुक्ल तृतीया के दिन भव्य मेले का आयोजन किया जाता है। इस मेले में भारी संख्या में महिलाएँ मन्दिर में पूजा-पाठ करती हैं। ग्रन्थों में वर्णित है कि भगवान राम व लक्ष्मण को अहिरावण से बचाने के लिए हनुमान जी ने देवी का रूप धारण कर अहिरावण का वध कर भगवान राम व लक्ष्मण को मुक्त कराया था। वही देवी स्वरूप का दर्शन होता है। भगवान हनुमान को चुटकी बजाने का बहुत शौक़ था जिसके कारण इस स्थान को चुटकी देवी के नाम से जाना जाता है। आज के दिन इस देवी स्वरूप मन्दिर में मेले का आयोजन किया जाता है।

मान्यता – अयोध्या साकेत महाविद्यालय के सामने स्थित चुटकी देवी मन्दिर में हरितालिका तीज पर परम्परागत रूप से मेले का आयोजन किया जाता है। सायंकाल माता की भव्य झाँकी और जागरण का आयोजन होता है। कार्यक्रम संयोजक श्री वीरेश श्रीवास्तव ने बताया कि लगातार 88 वर्ष से हरितालिका तीज पर्व पर चुटकी देवी मन्दिर में माँ की भव्य झाँकी सजाकर सांस्कृतिक, धार्मिक कार्यक्रमों का आयोजन किया जाता है। उन्होंने बताया कि हरितालिका तीज पर्व पर सुबह चुटकी देवी माता का विधिवत पूजन किया जाता है, साथ ही सायंकाल विभिन्न प्रकार के सुगन्धित पुष्पों से माँ की भव्य फूलबंगला झाँकी सजाई जाती है। शाम पाँच बजे से भक्त माँ की झाँकी का दर्शन करने आ जाते हैं। रात्रि में जागरण का आयोजन भी किया जाता है।

70 विष्णुहरि

पता – उदया पब्लिक स्कूल से परिक्रमा मार्ग पर जाने से अयोध्या की तरफ़ लगभग एक किलोमीटर आगे जाने पर बायीं ओर यह स्थान पड़ता है। इस गाँव का नाम चक्रतीर्थ ही है।

शिलालेख – आज से लगभग 80 वर्ष पूर्व यह शिलालेख श्री विष्णुहरि मन्दिर के साथ सरयू जी की बाढ़ में समा गया।

किंवदन्ती – अयोध्या माहात्म्य के अनुसार एक बार एक वेद वेदान्त पारंगत ब्राह्मण तीर्थ यात्रा पर अयोध्या आये, जिनका नाम विष्णु शर्मा था। वह इसी स्थल पर निवास करने लगे। वे भगवान विष्णु का साक्षात्कार करने के लिए अत्यन्त कष्ट सहन करते हुए घोर तप करने लगे। उनकी तपस्या से प्रसन्न होकर भगवान प्रकट हुए एवं भगवान विष्णु ने कहा हे ब्रह्मन्! अपने नाम में मेरा नाम जोड़कर मेरी मूर्ति यहाँ स्थापित करो। कार्तिक शुक्ल पक्ष दशमी से पूर्णिमा तक यहाँ की यात्रा विशेष फल देने वाली होगी। इसके समीप स्थित चक्रतीर्थ में स्नान करके विष्णुहरि का दर्शन करने वालों को सभी कष्टों से मुक्ति मिलेगी।

मान्यता – पौराणिक ग्रन्थों में वर्णित है कि यह स्थान अयोध्या के सप्तहरियों में से एक है।

71. चक्रहरि

पता – उदया पब्लिक स्कूल से परिक्रमा मार्ग पर अयोध्या की तरफ़ लगभग एक किलोमीटर आगे जाने पर बायीं ओर यह स्थान पड़ता है। इस गाँव का नाम भी चक्रतीर्थ हो है।

शिलालेख – शिलालेख मन्दिर के सामने सामुदायिक शौचालय के किनारे असुरक्षित हालात में लगा हुआ है। स्थानीय लोग इसी के ऊपर पेशाब करते हैं।

किंवदन्ती – अयोध्या माहात्म्य के अनुसार एक बार एक वेद वेदान्त पारंगत ब्राह्मण तीर्थ यात्रा पर अयोध्या आये, जिनका नाम विष्णु शर्मा था। वह इसी स्थल पर निवास करने लगे। वे भगवान विष्णु का साक्षात्कार करने के लिए अत्यन्त कष्ट सहन करते हुए घोर तप करने लगे। उनकी तपस्या से प्रसन्न होकर भगवान प्रकट हुए। भगवान ने अपने सुदर्शन-चक्र से खोदकर इस तीर्थ का निर्माण किया। तभी से यह तीर्थ चक्रतीर्थ नाम से प्रसिद्ध हुआ।

मान्यता – वर्तमान में इस मन्दिर में एक देवी प्रतिमा स्थापित है जिसे स्थानीय लोग अखाड़ा माता के रूप में पूजते हैं। यहाँ प्रत्येक वर्ष ज्येष्ठ माह के किसी भी बुधवार को वार्षिक पूजा एवं भण्डारे का आयोजन किया जाता है।

72. ब्रह्म कुण्ड

पता – यह स्थान रामजन्मभूमि थाने से कटरा मोहल्ले की ओर जाने वाले मार्ग पर ब्रह्मकुण्ड घाट पर स्थित है।

शिलालेख – शिलालेख सड़क के किनारे लगा हुआ है।

किंवदन्ती – श्री अयोध्या माहात्म्य के अनुसार प्राचीन काल में श्री ब्रह्मा जी ने संसार की रचना करके श्रीराम जी को देवरूप में अयोध्या स्थित जानकर स्वयं भी आकर श्री अयोध्यापुरी में रहने लगे। श्री ब्रह्मा जी ने यहाँ आकर विधि के अनुसार इस पुरी की यात्रा की तथा इस स्थान पर विधिपूर्वक यज्ञ किया। तत्पश्चात् अपने नाम से विशाल ब्रह्मकुण्ड तीर्थ यहाँ स्थापित किया।

मान्यता – मान्यताओं के अनुसार यहाँ की वार्षिक यात्रा कार्तिक सुदी चतुर्दशी को की जाती है। इस तिथि को यहाँ की यात्रा करके मनुष्य धन लाभ को प्राप्त करता है एवं सभी पापों से मुक्त होता है।

वर्तमान स्थिति – वर्तमान समय में यहाँ का प्राचीन मन्दिर सरयू जी में समा गया है। मन्दिर के गर्भगृह में स्थित ब्रह्मा जी की प्राचीन प्रतिमा को ब्रह्मकुण्ड गुरुद्वारे के सेवादार द्वारा मन्दिर के अवशेषों में से निकालकर गुरुद्वारे में सुरक्षित रख दिया गया है और उसी स्थान पर पुनः मन्दिर निर्माण प्रारम्भ किया गया है।

73. सुमित्रा घाट, 74. कौशल्या घाट, 75. कैकेयी घाट

पता – यह स्थान परिक्रमा मार्ग पर ब्रह्मकुण्ड गुरुद्वारे से राजघाट की ओर जाने पर क्रमशः 100 मीटर के अन्तराल पर स्थित हैं।

शिलालेख – शिलालेख परिक्रमा मार्ग से पूरब की ओर कटरा मार्ग पर पश्चिम ओर कुछ-कुछ दूरी पर असुरक्षित लगे हुए हैं।

किंवदन्ती – अयोध्या माहात्म्य के अनुसार यह सभी कुण्डरूपी घाट श्रीराम जन्मभूमि के समीप श्री सरयू तट पर स्थित हैं क्योंकि इन सभी रानियों के भवन सरयू तट के इसी स्थान से सबसे अधिक समीप हैं।

मान्यता – मान्यता अनुसार दशरथ जी के काल में यह राजमहल के समीप का घाट था। इन घाटों की सीढ़ियों को मणियों से सजाया गया था। स्वयं महाराज दशरथ जिस घाट पर स्नान करते थे वह घाट

राजघाट के नाम से जाना जाता है जिसका वर्णन तुलसीदास जी ने रानचरितमानस के उत्तरकाण्ड में भी किया है।

राजघाट सब बिधि सुन्दर बर। मज्जहिं तहाँ बरन चारिउ नर।।
तीर-तीर देवन्ह के मन्दिर। चहुँ दिसि तिन्ह के उपबन सुन्दर।।

अयोध्या में इसी प्रकार मणि पर्वत के ठीक पीछे इसी क्रम में राजा दशरथ एवं उनकी रानियों के कुण्ड भी स्थित हैं।

76. ऋणमोचन

पता – अशर्फी भवन से झुनकी घाट जानेवाले मार्ग पर यह घाट स्थित है।

शिलालेख – शिलालेख चौराहे पर बायीं ओर सड़क के किनारे असुरक्षित स्थिति में लगा हुआ है।

किंवदन्ती – अयोध्या माहात्म्य के अनुसार ब्रह्मकुण्ड से 700 धनुष की दूरी पर ईशानकोण पर सरयू जी के जलमध्य में यह ऋणमोचन नामक तीर्थ है। इस तीर्थ में श्री लोमश जी ने तीर्ध यात्रा से आकर विधिपूर्वक स्नान किया। श्री लोमश जी इस ऋणमोचन तीर्थस्थान से पापरहित हो देव, पितृ, ऋषि इन तीनों ऋणों से मुक्त हो गये। श्री लोमश जी इस तीर्थ के अनेक

गुणों एवं महिमा को आश्चर्यपूर्ण देखकर प्रसन्नतापूर्वक बोले, यह ऋणमोचन तीर्थ सर्वोत्तम है। इस तीर्थ में स्नान करने से मनुष्य लोक परलोक की चिन्ताओं तथा तीनों ऋणों से छूट जाता है।

मान्यता – मान्यता अनुसार कुछ वर्षों पूर्व तक ऋणमोचन सरयू जी के किनारे पर एक घाट हुआ करता था, परन्तु सरयू जी की भौगोलिक स्थिति धीरे-धीरे बदल गयी और वह पीछे चली गयी जिससे यह घाट यहाँ से दूर हो गया।

77. पापमोचन

पता – यह स्थान अयोध्या के लक्ष्मण किला के सामने स्थित है।

शिलालेख – शिलालेख सड़क के किनारे एक चाय की दुकान पर असुरक्षित स्थिति में लगा हुआ है।

किंवदन्ती – अयोध्या माहात्म्य के अनुसार ऋणमोचन से 20 धनुष की दूरी पर पूर्व भाग में पापमोचन नामक तीर्थ है। एक बार नरहरि नामक एक ब्राह्मण पापियों के संगत में ब्रह्महत्या आदि पापों को करते हुए, वेदों की, वेदानुगामियों की निन्दा करता रहता है। एक बार किसी यात्रा के दौरान वह अयोध्यापुरी आ गया और इस तीर्थ पर स्नान के पश्चात् वह सभी पापों से मुक्त हो गया।

मान्यता – इस तीर्थ की मान्यता है कि माघ बदी चतुर्दशी को विधिपूर्वक यहाँ स्नान ध्यान करने से मनुष्य सभी कुसंगत पापों से मुक्त हो जाता है एवं सुसंगत को प्राप्त होता है।

78. लक्ष्मण घाट

पता – यह स्थान सरयू तट पर राम की पैड़ी के मुहाने पर स्थित है।

शिलालेख – शिलालेख मन्दिर के सामने लगा हुआ है।

किंवदन्ती – श्री अयोध्या माहात्म्य के अनुसार एक बार महाराज श्रीराम काल के साथ बैठकर एकान्त में मन्त्रणा कर रहे थे। इस मन्त्रणा के प्रारम्भ होने से पूर्व एक प्रतिज्ञा दोनों के मध्य हुई कि जो हम दोनों की मन्त्रणा के मध्य आ जावे उसे आप शीघ्र ही छोड़ देवें। काल से मन्त्रणा करते समय लक्ष्मण जी वहाँ के द्वारपाल थे।

उसी समय तपोमूर्ति श्री दुर्वासा जी आ गये। वे भूख से व्याकुल होकर लक्ष्मण जी से कहते हैं– हे सुमित्रानन्दन! श्रीराम जी को शीघ्र मेरे आने की सूचना दो और तुम मेरी इस आज्ञा का उल्लंघन नहीं कर सकते। श्री लक्ष्मण जी ने दुर्वासा जी के क्रोधित होने की सम्भावना को देखते हुए शीघ्र ही श्रीराम और काल के पास जा कर दर्शन के लिए आये हुए दुर्वासा जी के आने का समाचार निवेदन किया। श्रीराम जी काल के साथ मन्त्रणा को समाप्त कर दुर्वासा जी के पास गये एवं आदरपूर्वक उनसे भेंट करके उन्हें भोजन कराकर प्रेमपूर्वक विदा किया। श्रीराम जी ने सत्य एवं वचन पर बने रहने के लिए उसी क्षण लक्ष्मण जी को त्याग दिया। श्री लक्ष्मण जी भी वीरतापूर्वक बड़े भाई के आदेशों का पालन करते हुए सरयू तट पर आ गये और वहीं पर मन को शान्त कर चिदात्मा में स्थापित कर दिया। उसी समय उनके पीछे हज़ारों फनों से सुशोभित सर्पराज पृथ्वी के भीतर से प्रकट हुए। सहस्त्र फनों से सुशोभित सर्पराज जब पृथ्वी से प्रकट हुए तभी से यह तीर्थ सहस्रधारा नामक महातीर्थ प्रसिद्ध हो गया। इस सहस्रधारा तीर्थ का प्रसार 25 धनुष लम्बाई के बराबर है।

मान्यता – मान्यता अनुसार इस तीर्थ पर वैशाख मास में विधिपूर्वक स्नान-पूजन करने से मनुष्य जन्म-मरण के बन्धन से मुक्त हो जाता है।

वर्तमान स्थिति – स्थानीय मान्यताओं के अनुसार पूरे विश्व में शेषरूप में यह लक्ष्मण जी का अकेला मन्दिर है। मन्दिर के महन्त अशोकदास जी बताते हैं कि इस मन्दिर में आकर कभी कोई झूठ नहीं बोलता। इसी कारण कई बार यहाँ वाद-विवाद सुलझाने के लिए लोग आते हैं। यहाँ दर्शन मात्र से कालसर्प योग के सभी दोष से मुक्ति मिलती है। सावन में नाग पंचमी के दिन यहाँ विशेष पूजा होती है। इन दिन में यहाँ भव्य फूल बंगला झाँकी होती है।

79. स्वर्गद्वार

पता – यह स्थान राम की पैड़ी पर स्थित है।

शिलालेख – शिलालेख वैदेही मन्दिर के बाहर दीवाल से सटा कर लगा हुआ है।

किंवदन्ती – अयोध्या माहात्म्य के अनुसार अयोध्यापुरी में सर्वप्रथम स्वर्गद्वार तीर्थ ही प्रकट हुआ था। इसे मुक्तिद्वार भी कहा जाता है। पुराणों में वर्णित यह तीर्थ सहस्रधारा (लक्ष्मण घाट) से पूर्व दिशा की ओर लगभग छह सौ छत्तीस धनुष की लम्बाई में है।

मान्यता – मान्यताओं के अनुसार यहाँ की यात्रा प्रत्येक एकादशी को करनी चाहिए। दर्शन से पूर्व सरयू जी में स्नान अवश्य करना चाहिए।

वर्तमान स्थिति – वर्तमान समय में अयोध्या में स्वर्गद्वार नाम से पूरा एक मोहल्ला है एवं जिस स्थान पर एडवर्ड तीर्थ विवेचनी सभा का शिलालेख लगा है, वह स्थान वैदेही मन्दिर के नाम से जाना जाता है। मन्दिर के गर्भगृह में मुख्य रूप से सवा लाख शालिग्राम भगवान एवं हनुमान जी के 16 अवतार स्थापित हैं। मान्यताओं के अनुसार इस स्थान पर सभी देवी-देवताओं की पूजा होती है। मन्दिर के गर्भगृह में अति प्राचीन शंख भी रखे गये हैं।

80. चन्द्रहरि

पता – यह स्थान स्वर्गद्वार क्षेत्र में राम की पैड़ी पर स्थित है।

शिलालेख – शिलालेख मन्दिर के बाहर दीवाल से सटा कर लगा हुआ है।

किवदन्ती – अयोध्या माहात्म्य के अनुसार अयोध्या के वैभव तीर्थ गौरव के दर्शन हेतु शीतांशुचन्द्र देव स्वरूप धारण कर यहाँ उपस्थित हुए एवं विधिपूर्वक शास्त्रकथित रीति से समस्त तीर्थों की यात्रा किये। वे अनेक आश्चर्यजनक अनुभव पाकर चकित हो पड़े। उनकी यात्रा से सन्तुष्ट होकर भगवान हरि वहाँ प्रकट हुए। इससे उनकी चन्द्रहरि ऐसी संज्ञा हुई।

मान्यता – मान्यता अनुसार स्वर्गद्वार में स्नान करके प्रत्येक जन को चन्द्रहरि जी के दर्शन अवश्य करने चाहिए। यहाँ की वार्षिक यात्रा ज्येष्ठ की पूर्णिमा सरयू जन्मोत्सव के समय करना उत्तम है।

81. नागेश्वरनाथ

पता – यह स्थान राम की पैड़ी के ठीक बगल पश्चिम दिशा में स्थित है।

शलालेख – यह शिलालेख मन्दिर के मुख्य द्वार के ठीक सामने की तरफ़ लगा हुआ है। यह शिलालेख दीवाल के अन्दर चुना हुआ है और बहुत गन्दा हो गया है जिस कारण इसे देख पाना बहुत कठिन है। बहुत प्रयास के बाद इसे खोजा जा सका।

किंवदन्ती – नागेश्वरनाथ मन्दिर की स्थापना के सम्बन्ध में कथा प्रचलित है कि एक दिन जब महाराजा कुश सरयू नदी में स्नान कर रहे थे, जब उनके हाथ का कंगन जल में गिर गया, जिसे नाग-कन्या उठा ले गयी। बहुत खोजने के बाद भी जब महाराज को कंगन प्राप्त नहीं हुआ तब कुपित होकर उन्होंने जल को सुखा देने की इच्छा से अग्निशर का सन्धान किया, जिसके परिणामस्वरूप जल-जन्तु व्याकुल होने लगे। तब नागराज ने स्वयं वह कंगन लाकर महाराजा कुश को सादर भेंट किया तथा उनसे अपनी पुत्री से विवाह का अनुरोध किया। महाराजा कुश ने नाग-कन्या से विवाह करके उस घटना की स्मृति में उस स्थान पर नागेश्वरनाथ मन्दिर की स्थापना की। उसी स्थान पर आज एक विशाल शिव मन्दिर स्थित है।

मान्यता – नागेश्वरनाथ जी द्वादश ज्योतिर्लिंगों में से एक हैं। इस मन्दिर की स्थापना प्रभु श्री रामचन्द्र जी के पुत्र महाराजा कुश द्वारा की गयी।

82. धर्महरि

पता – यह स्थान डेराबीबी मोहल्ले में बेतिया मन्दिर के बगल में स्थापित है।

शिलालेख – शिलालेख मन्दिर के बाहर मुख्य द्वार पर लगा हुआ है।

किंवदन्ती – अयोध्या माहात्म्य के अनुसार एक समय धर्मराज स्वयं अयोध्या दर्शन हेतु आये और अयोध्या धाम के दर्शन से प्रसन्न होकर दोनों हाथ उठाकर नृत्य करते हुए 'विष्णुपुरी धन्य है, अयोध्या का माहात्म्य अतुल्य है' का जयघोष करने लगे। इससे प्रसन्न होकर विष्णु भगवान ने उन्हें यहाँ दर्शन दिये एवं उनकी कामनाअनुसार इस तीर्थ को धर्महरि नाम प्राप्त हुआ।

मान्यता – वर्तमान मान्यता में यह स्थान चित्रगुप्त जी के मन्दिर के रूप में अधिक प्रसिद्ध है। मन्दिर में यमद्वितीया के दिन विशेष दीपदान का उत्सव मनाया जाता है जिसमें मुख्य रूप से कायस्थ समाज के लोग शामिल होते हैं।

वर्तमान स्थिति – मन्दिर की देखरेख एवं जीर्णोद्धार का कार्य भी कायस्थ धर्म सभा द्वारा कराया जा रहा है जिसमें मुख्य रूप से मन्दिर का मुख्य गर्भगृह मण्डप शामिल है जो बनकर तैयार है और उनमें सम्पूर्ण रामदरबार के साथ मुख्य रूप से धर्महरि जी की प्राचीन प्रतिमा, चित्रगुप्त जी एवं यम जी स्थापित हैं।

83. जानकी घाट

पता – जानकी घाट के नाम से अयोध्या में एक मोहल्ला स्थित है।

शिलालेख – शिलालेख रामवल्लभाकुंज के ठीक सामने सड़क के किनारे लगा हुआ है। (शिलालेख की लिखावट को बदला गया है)

मान्यता – पौराणिक मान्यताओं के अनुसार श्री जानकी जी अपनी परिचारिकाओं के साथ सरयू तट पर आती थीं। उनकी स्मृति के रूप में जानकी घाट प्रसिद्ध है।

वर्तमान स्थिति – वर्तमान समय में इस नाम का अयोध्या में पूरा एक मोहल्ला बसा हुआ है।

84. वैतरणी कुण्ड

शिलालेख – वर्तमान समय में यह शिलालेख ग़ायब है। यह शिलालेख कुण्ड के पूर्व दिशा में स्थित था, मगर कई बार पता करने पर स्थानीय लोगों की अलग-अलग राय है। बहुत प्रयास के बाद हमें एक व्यक्ति मिला जिसने यह स्वीकार किया कि एक सन्त के कहने पर उसने एक मशीन की मदद से शिलालेख को उखाड़ने का प्रयास किया और शिलालेख टूट कर आधा हो गया जिसका निचला भाग हमें कुण्ड के पास से ही मिला। ऊपरी हिस्सा अभी भी नहीं प्राप्त हो सका है।

पता – केशवपुर ग्राम दर्शन नगर से एनएच 28 सम्पर्क मार्ग पर लगभग 300 मीटर आगे बायीं ओर।

किंवदन्ती – इस स्थान को वैतरणी तीर्थ के नाम से भी जाना जाता है। कहा जाता है कि यहाँ स्नान करने वाला यमलोक को प्राप्त नहीं होता।

मान्यता – वर्तमान समय में लोगों में यह स्थान बर्तनी माई के नाम से प्रचलित है। यह स्थान चौदह कोसी परिक्रमा मार्ग के साथ में होने के नाते परिक्रमा के समय यहाँ पर श्रद्धालुओं की भारी भीड़ रहती है और लोग यहाँ पर बड़ी मात्रा में बर्तन, कपड़ा और चढ़ावा चढ़ाते हैं।

85. सूर्य कुण्ड

पता – यह स्थान अयोध्या से अम्बेडकर नगर की ओर जाने वाले मार्ग पर लगभग 7 किलोमीटर आगे जाने पर दर्शन नगर बाज़ार में स्थित है।

शिलालेख – शिलालेख मन्दिर के सामने सुरक्षित लगा हुआ है।

किंवदन्ती – अयोध्या माहात्म्य में वर्णित एक कथा के अनुसार एक समय सूर्यवंश के सम्राट महाराज घोष मृगया करते हुए यहाँ पर आये। उसी समय वह एक वृक्ष के नीचे विश्राम हेतु रुके। राजा के हाथों में कुष्ठ रोग था। वह वृक्ष के समीप स्थित एक जलस्रोत में हाथ-मुँह धोने गये और उस जल के स्पर्श मात्र से उनका कुष्ठ रोग सर्वथा मिट गया। राजा अत्यन्त प्रसन्न हुए और वापस लौट कर उन्होंने ऋषियों एवं पुरोहितों से घटना का वर्णन करते हुए यहाँ की भूमि की विशेषता जानने की इच्छा प्रकट की। मुनियों ने ध्यान योग द्वारा देखकर बताया कि यह स्थल सूर्य भगवान का परम-प्रिय-पुरातन-प्रतिष्ठित तीर्थ है। राजा ने श्रद्धापूर्वक इस तीर्थ में पुनः स्नान करके यहाँ पूजा-अर्चना की और इस तीर्थ का जीर्णोद्धार कराते हुए यहाँ पर सुन्दर रीति से सूर्य भगवान की प्रतिष्ठा की।

मान्यता – पौराणिक मान्यताओं के अनुसार यहाँ स्नान आदि से कुष्ठ रोग से मुक्ति मिलती है एवं सभी पापों का नाश होता है। प्रत्येक रविवार को यहाँ स्नान एवं पूजन महत्त्वपूर्ण है। यहाँ प्रत्येक वर्ष भादों मास की षष्ठी को विशाल मेला लगता है। यहाँ पौष मास के प्रत्येक रविवार को स्नान एवं पूजन का विशेष महत्त्व है।

वर्तमान स्थिति – वर्तमान में पूरे चौरासी कोस में स्थित सभी कुण्डों में यह सबसे बड़ा कुण्ड है। समय-समय पर सौन्दर्यीकरण का कार्य होने के कारण यहाँ का जल बहुत स्वच्छ है।

स्थानीय लोगों की राय – स्थानीय निवासी सोनल चौरसिया जी बताते हैं कि वर्तमान में यह स्थान आस-पास के क्षेत्र के लोगों के लिए प्रमुख पर्यटन स्थल है। उनका कहना है कि थोड़े प्रयास से ही यह स्थान अयोध्या जनपद का एक बड़ा पर्यटन स्थल हो सकता है।

86. नर कुण्ड

पता – दर्शन नगर-रसूलाबाद मार्ग पर स्थित मिनी स्टेडियम, बैसिंह से दाहिनी ओर जानेवाली सड़क पर लगभग तीन किलोमीटर चलने पर नरियावाँ गाँव में पड़ता है।

शिलालेख – यह शिलालेख नरियावाँ गाँव के चौराहे पर एक वृक्ष के नीचे लगा हुआ है।

किंवदन्ती – श्री अयोध्या माहात्म्य के अनुसार सूर्य कुण्ड से अग्निकोण में नरियावाँ ग्राम में नर कुण्ड नामक तीर्थ है। इसके दर्शन मात्र से सब पापों का नाश होता है।

मान्यता – स्थानीय निवासी बताते हैं कि आज से कुछ वर्षों पूर्व तक इस गाँव तथा अगल-बगल के क्षेत्रों के लोग अयोध्या चौदह कोसी परिक्रमा को इसी नर कुण्ड से उठाते थे और अचारी का सगरा पर जाकर जुड़ते थे।

87. नारायण कुण्ड

पता – दर्शन नगर से राम-वन-गमन मार्ग पर आगे जाने पर गौरा घाट के समीप कछौली ग्राम सभा में यह कुण्ड स्थित है। इसी के समीप नारायणपुर ग्राम सभा स्थित है जो कि पौराणिक मान्यताओं के अनुसार इसी कुण्ड के नाम से पड़ा है।

शिलालेख – शिलालेख कुण्ड के समीप झाड़ियों में असुरक्षित स्थिति में लगा हुआ है।

किंवदन्ती – पौराणिक मान्यता के अनुसार नर-नारायण जी को विष्णु जी के पाँचवें अवतार के रूप में जाना जाता है।

मान्यता – मान्यता अनुसार कार्तिक शुक्ल एकादशी को यहाँ की वार्षिक यात्रा की जाती है। कुछ वर्ष पूर्व इस दिन यहाँ मेले का आयोजन भी होता था।

88. रति कुण्ड

पता – यह स्थान मण्डलीय चिकित्सालय दर्शन नगर के भीतर स्थित है।

शिलालेख – शिलालेख को ग़ायब कर दिया गया है और कुण्ड पर अवैध क़ब्ज़ा कर लिया गया है।

किंवदन्ती – रति देवी का उल्लेख प्राचीन काल से ही वेद, शतपथ ब्राह्मण एवं उपनिषदों में होता चला आ रहा है। इन परम्पराओं में इसे सौन्दर्य की अधिष्ठात्री देवी एवं उषा के समकक्ष कहा गया है। पौराणिक परम्परा में दक्ष की पुत्री एवं शतपथ ब्राह्मण के अनुसार गन्धर्व कन्या के रूप में इनका उल्लेख मिलता है। दक्ष एवं गन्धर्व वस्तुतः विलासी जातियाँ रही हैं। इन्हें कामदेव की अर्धांगिनी भी कहा जाता है।

89. कुसुमायुध कुण्ड

पता – अयोध्या से दर्शन नगर जाने वाले मार्ग पर दर्शन नगर रेलवे फाटक से 100 मीटर पहले दाहिनी ओर जाने वाली सड़क पर ग्राम सभा कुसुमाहा में यह स्थान स्थित है।

शिलालेख – कुण्ड के किनारे पूर्व दिशा में शिलालेख स्थित है।

किंवदन्ती – कामदेव को हिन्दू शास्त्रों में प्रेम और काम का देवता माना गया है। उनका स्वरूप युवा और आकर्षक है। वे विवाहित हैं और रति उनकी पत्नी हैं। वे इतने शक्तिशाली हैं कि उनके लिए किसी प्रकार के कवच की कल्पना नहीं की गयी है। उनके अन्य नामों में रागवृंत, अनंग, कन्दर्प, मनमथ, मनसिजा, मदन, रतिकान्त, पुष्पवान, पुष्पधन्व आदि प्रसिद्ध हैं। कामदेव हिन्दू देवी लक्ष्मी और भगवान विष्णु के पुत्र हैं। कामदेव के आध्यात्मिक रूप को हिन्दू धर्म में वैष्णव अनुयायियों द्वारा कृष्ण भी माना जाता है। वसन्त कामदेव का मित्र है इसलिए कामदेव का धनुष फूलों का बना हुआ है।

मान्यता – वर्तमान मान्यता अनुसार इस ग्राम सभा का नाम इसी कुण्ड के नाम से पड़ा है।

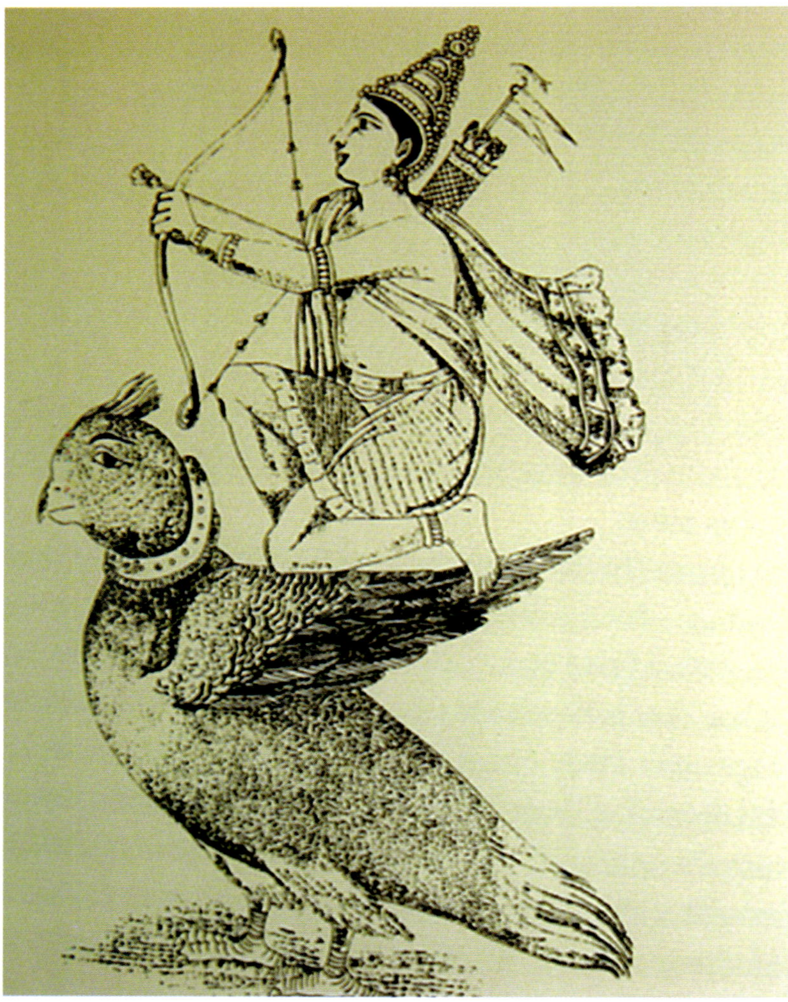

90. दुर्गा कुण्ड

पता – अयोध्या से दर्शन नगर जाने वाले मार्ग पर दर्शन नगर रेलवे फाटक से 100 मीटर पहले दाहिनी ओर जाने वाली सड़क पर ग्राम सभा कुसुमाहा में यह स्थान स्थित है।

शिलालेख – मन्दिर के ठीक सामने मैदान में यह शिलालेख लगा हुआ था।

किंवदन्ती – अयोध्या माहात्म्य के अनुसार सूर्य कुण्ड से कुछ दूर पर कुसमाहा ग्राम में दुर्गा कुण्ड नामक तीर्थ है। वहाँ पर अष्टभुजी दुर्गा नाम की प्रसिद्धि है। यहाँ प्रति अष्टमी एवं मंगलवार को स्नान, दान, पूजन से सभी मनोरथ सिद्ध होते हैं।

मान्यता – वर्तमान में यह मन्दिर अष्टभुजी दुर्गा के नाम से प्रसिद्ध है।

91. गिरिजा कुण्ड

पता – यह स्थान मन्त्रेश्वर जी के ठीक सामने स्थित है।

शिलालेख – शिलालेख कुण्ड के पूर्वी तट पर लगा हुआ है।

किंवदन्ती – अयोध्या माहात्म्य के अनुसार मन्त्रेश्वर जी के दर्शन-पूजन से पूर्व गिरिजा कुण्ड में स्नान किया जाता है।

मान्यता – वर्तमान समय में चौदह कोसी परिक्रमा में आने वाले श्रद्धालु इस कुण्ड में स्नान ध्यान करते हैं एवं स्थानीय जन गिरिजा कुण्ड में स्नान पूजन कर यहीं से चौदह कोसी परिक्रमा भी प्रारम्भ करते हैं।

92. मन्त्रेश्वर जी

पता – यह स्थान चौदह कोसी परिक्रमा मार्ग पर जनौरा गाँव में स्थित है।

शिलालेख – शिलालेख मन्दिर परिसर के द्वार पर लगा हुआ है।

किंवदन्ती – अयोध्या माहात्म्य के अनुसार श्री मन्त्रेश्वर महादेव की प्रतिष्ठा स्वयं प्रभु श्रीरामचन्द्र जी ने की थी। यहाँ आकर सुन्दर पुष्प, धूप, दीप, नैवेद्यादि द्वारा इनका पूजन करना चाहिए और अपने इष्ट मन्त्र का जप थोड़ी देर बैठकर अवश्य करें, वह अनन्त फल देनेवाला होता है। मन्त्रेश्वर की महिमा पूर्ण रूप से वर्णन करना किसी के लिए सम्भव नहीं है। पौराणिक मान्यताओं के अनुसार रामभद्र से कालदेव की मन्त्रणा इसी स्थल पर महा प्रस्थान के सम्बन्ध में हुई थी जिसका यह स्मृति स्थान है।

मान्यता – वर्तमान मान्यता में शिवरात्रि के दिन जौनारा ग्रामवासियों द्वारा यहाँ विशेष पूजा का आयोजन होता है एवं शिव बारात निकाली जाती है। ऐसी मान्यता है कि भगवान मन्त्रेश्वर सदैव ग्रामवासियों की रक्षा करते हैं।

वर्तमान स्थिति – वर्तमान समय में मन्त्रेश्वर महादेव के मुख्य गर्भगृह में जिस विराट शिवलिंग की पूजा होती है, उसे अभी हाल के वर्षों में ही प्रतिष्ठित किया गया है। कहा जाता है कि कुछ वर्षों पूर्व किसी व्यक्ति ने यहाँ के प्राचीन शिवलिंग को उठाकर गिरिजा कुण्ड में डाल दिया था जिसके पश्चात् ग्रामवासियों के सहयोग से जयपुर से दूसरा शिवलिंग लाकर उसकी पुनः प्राण प्रतिष्ठा करके यहाँ स्थापित किया गया है। साथ ही साथ पूरे मन्दिरपरिसर का जीर्णोद्धार कार्य किया गया है।

श्री मंत्रेश्वर
महादेव मन्दिर

93. श्री सरोवर (लक्ष्मी कुण्ड)

पता – अयोध्या नगर के मुख्य व्यापारिक चौराहे फतेहगंज से देवकाली की ओर जाने वाले मार्ग पर लालबाग रेलवे फाटक पड़ता है, उसी फाटक से दाहिनी ओर लालबाग पानी टंकी स्थित है। उसी टंकी के नीचे से बायीं ओर 300 मीटर जाने पर यह कुण्ड स्थित है।

शिलालेख – कुण्ड परिसर में प्रवेश करने पर बायीं ओर लगा हुआ है।

किंवदन्ती – अयोध्या माहात्म्य के अनुसार मन्त्रेश्वर जी के समीप ही कुमुद कमल से सुशोभित श्री सरोवर है, जिसमें स्नान, दान, ब्राह्मण पूजन आदि के अलावा श्री जी का पूजन करने से अक्षय स्वर्ग की प्राप्ति होती है। यहाँ की विशेष पूजा एवं वार्षिक यात्रा दीपावली पर्व के दिन मानी जाती है।

मान्यता – वर्तमान मान्यताओं में श्री सरोवर की प्रतिष्ठा लक्ष्मी सागर धाम के रूप में हो गयी है। इस परिसर में लक्ष्मी नारायण भगवान का एक नया मन्दिर बनाया गया है जिसमें चतुर्भुज रूप में भगवान विष्णु और लक्ष्मी जी की प्रतिमाएँ तथा अष्टभुजी दुर्गा और हनुमान जी की प्रतिमाएँ स्थापित हैं।

वर्तमान स्थिति – वर्ष 2008-09 में पर्यटन विकास योजना के अन्तर्गत लक्ष्मी सागर घाट के सौन्दर्यीकरण का कार्य सम्पन्न हुआ है। इस योजना के अन्तर्गत कुण्ड की सीढ़ियों को पक्का करने के साथ-साथ जल संरक्षण हेतु भी कार्य किये गए हैं। स्थानीय जनों के प्रयास से श्री कुण्ड के रख-रखाव हेतु लक्ष्मी सागर विकास समिति का गठन किया गया है। कुण्ड के समीप बाबा धर्मदास जी का अखाड़ा भी है, जिसकी स्थापना का वर्ष सन् 1902 अंकित है। नियमित व्यायाम के साथ यहाँ समय-समय पर दंगल का आयोजन भी होता है।

94. शीतला देवी (बड़ी देवकाली)

पता – यह स्थान अयोध्या नगर के लगभग सभी मार्गों से जुड़ा हुआ है।

अयोध्या से फ़ैज़ाबाद जाने वाले मार्ग पर बेनीगंज चौराहे से बायीं ओर जाने वाली सड़क पर लगभग एक किलोमीटर पर यह स्थान स्थित है।

शिलालेख – मन्दिर के मुख्य द्वार से प्रवेश करने पर दाहिनी ओर एक प्राचीन कुआँ है। उसी कुएँ से सटा कर शिलालेख स्थापित है।

किंवदन्ती – श्री शीतला माता के इस मन्दिर की स्थापना के बारे में अनेक मत हैं। कुछ कथाओं के अनुसार एक बार राजा रघु को स्वप्न दिखा कि महाशतचंडी यज्ञ करो, तभी युद्ध में विजयी होगे। इस पर राजा रघु ने यज्ञ किया और

युद्ध जीता। फिर उन्होंने यहाँ श्री शीतला माता का मन्दिर बनवाया। दूसरी कथा के अनुसार स्वयं राजा विक्रमादित्य ने अयोध्या बसाने के उपरान्त एक ही शिलापट्ट पर त्रिदेवियों की स्थापना करते हुए इस मन्दिर का निर्माण कराया। मगर इन सबसे प्रामाणिक और जन-जन में व्याप्त कथा के अनुसार यहाँ स्थापित त्रिदेवियाँ भगवान श्री रामचन्द्र की कुलदेवी हैं। श्रीराम की कुलदेवियों में चार शक्तियों के नाम इस प्रकार हैं—श्री शीतला देवी (बड़ी देवकाली), श्री चुटकी देवी, श्री वन्दी देवी (जलपा) और लोटनी भवानी।

मान्यता – वर्तमान समय में बड़ी देवकाली की परम्परा में विशेष पर्व की तिथियाँ शारदीय तथा वासन्तिक नवरात्रि के नौ दिन हैं। इनके अतिरिक्त श्रावण तथा आषाढ़ मास की शुक्ल पक्ष के पन्द्रह दिन बड़े मेले का दिन होता है। यहाँ नित्य दर्शन पूजन के लिए सोमवार एवं शुक्रवार का दिन विशेष है जिसमें सोमवार का दिन मुख्य है। स्थानीय जनों में माँ बड़ी देवकाली के प्रति अटूट भक्ति है। नगरवासी माता शीतला को कुल देवी मानकर यहाँ अपने बच्चों का मुण्डन संस्कार भी कराते हैं। इसी के साथ ही विवाह के बाद नवदम्पति के जोड़ों के दर्शन की विशेष मान्यता है।

वर्तमान स्थिति – वर्तमान में यह मन्दिर दियरा रियासत की सरवराहकारी के अन्तर्गत आता है, जो कभी उन्हें अंग्रेजी के समय में प्राप्त हुई थी। मन्दिर के वर्तमान व्यवस्थापकों में से हरीश कुमार पाठक जी ने यह बताया कि इस मन्दिर की जानकारी सरवराहकारी राजा दियरा को सन् 1893 ई. में

मिली थी एवं लगभग नौ पीढ़ियों से हरीश पाठक जी का परिवार मन्दिर की व्यवस्था एवं पूजा-पाठ का कार्य कर रहा है।

मन्दिर के मुख्य द्वार का स्थापत्य अत्यन्त मनोहारी है। द्वार से भीतर प्रवेश करने पर दाहिनी ओर शीतला माता का गर्भगृह मिलता है, जिसके भीतर शीतला देवी के रूप में त्रिदेवियाँ एक प्रस्तर पट्टिका पर उत्कीर्ण हैं जो महाकाली, महालक्ष्मी और महासरस्वती के रूप में हैं। इसी के समीप और कई छोटे-बड़े प्राचीन मन्दिर हैं जिसमें काल-भैरव का मन्दिर, गौरी जी का मन्दिर और बाबा दूधनाथ का शिवलिंग विशेष है। पाठक परिवार के अनुसार इस मन्दिर परिसर का जीर्णोद्धार बाबू इन्द्र बहादुर सिंह के पुत्र श्री उदय प्रताप सिंह जी द्वारा कराया गया। यह जीर्णोद्धार कार्य सन् 1975 से 1978 तक चला। प्रताप सिंह के नाम से प्रसिद्ध श्री उदय प्रताप सिंह की आस्था इस मन्दिर में अटूट थी और उन्हीं के जतन से इस मन्दिर का वर्तमान स्वरूप कुछ और अधिक सुन्दर होकर हमें प्राप्त हुआ है। इस मन्दिर के मुख्य गर्भगृह से सन् 2012 में त्रिदेवियों का अर्चा विग्रह चोरी हो गया था। पुलिस प्रशासन की सक्रियता से बाद में वह प्राप्त हुआ और पुनः गर्भगृह में प्रतिष्ठित किया गया।

95. निर्मली कुण्ड

पता – अयोध्या कैंट बोर्ड में निर्मली कुण्ड नाम पर एक पूरा मोहल्ला बसा है। यह कुण्ड अयोध्या के सुप्रसिद्ध गोप्तार घाट के समीप है।

शिलालेख – वर्तमान में यह शिलालेख एक मन्दिर परिसर में सुरक्षित स्थिति में है।

किंवदन्ती – अयोध्या माहात्म्य के एक कथन अनुसार वृत्रासुर को मारकर ब्रह्म-हत्या दोष से युक्त इन्द्र यहाँ स्नान मात्र से निष्पाप हुए थे। यहाँ की वार्षिकी यात्रा श्रावण पूर्णिमा को प्रसिद्ध है।

मान्यता – वर्तमान मान्यता में अयोध्या नगर व आसपास के क्षेत्रों में शारदीय नवरात्र में लगने वाली दुर्गा पूजा में प्रतिमाओं का विसर्जन यहीं किया जाता है।

96. गोप्तातार घाट

पता – यह घाट अयोध्या धाम से दक्षिण-पश्चिम दिशा में सरयू नदी के किनारे पर है। अयोध्या नगर में यह स्थान सर्वज्ञात है।

शिलालेख – यह शिलालेख बीच से खण्डित है। यहाँ के स्थानीय पुजारी जी से बातचीत करने पर ज्ञात हुआ कि जब गोप्तातार घाट में सीढ़ियों और घाट के सौन्दर्यीकरण का कार्य चल रहा था, तो एक बड़ी मशीन शिलालेख से टकरा गयी थी जिससे यह शिलालेख खण्डित हो गया था। इस कारण वहाँ कार्य कर रहे मज़दूरों को पुजारी जी के क्रोध का सामना करना पड़ा और इस क्रोध से बचने के लिए मज़दूरों ने गोंद की सहायता से शिलालेख को पुनः जोड़ दिया। वर्तमान में यह

शिलालेख घाट के किनारे सुरक्षित स्थिति में लगा हुआ है। इस शिलालेख के साथ में दो और शिलातेख यहीं स्थापित किये गये हैं जिस पर अंग्रेज़ी में अंकित है कि इस क्षेत्र में मछली पकड़ने और शिकार करने पर रोक है।

किंवदन्ती – अयोध्या माहात्म्य का एक श्लोक इस प्रकार है–

तीर्थं तदुत्तरे श्रेष्ठं गोप्तातारभिधं महत्।
विष्णु स्थानं च तत्रैव नाम्ना गुप्तहरिः स्मृतः।।

अर्थात् यह स्थान देवताओं को भी बल देने वाला है। देवताओं के बल-वर्धनार्थ स्वयं भगवान विष्णु भी आकर गुप्त रूप से तप किये थे। इसी कारण उसी समय से यहाँ गुप्तहरि जी की पूजा प्रसिद्ध हुई।

मान्यता – मान्यता अनुसार माना जाता है कि जब स्वयं प्रभु श्रीराम जी ने स्वर्ग की ओर प्रस्थान किया तो वह माँ सरयू की गोद में इसी स्थान पर उनके जल में विलीन हुए थे। इसी स्थान से पूर्व दिशा में यम स्थल नामक स्थान है जहाँ अयोध्यावासी मृत्यु के बाद दाह-संस्कार के लिए लाये जाते हैं और दाह-संस्कार के पश्चात उनके परिजन इसी घाट पर स्नान-पूजन करके मृत्यु को प्राप्त होनेवाले के लिए मोक्ष की कामना करते हैं।

97-98. गुप्तहरि-चक्रहरि

पता – यह स्थान गोप्तातार घाट पर ही दक्षिण दिशा में स्थित है।

शिलालेख – इसी एक शिलालेख में क्रमशः गुप्तहरि वा चक्रहरि दोनों स्थान अंकित हैं। यह शिलालेख मन्दिर के मुख्य द्वार पर बायीं ओर स्थापित है।

किंवदन्ती – जैसा कि गोप्तातार घाट के वर्णन में कहा गया है कि इस घाट पर स्वयं भगवान विष्णु ने गुप्त तप किया था और उसी समय से वहाँ गुप्तहरि की पूजा प्रारम्भ हुई। वर्तमान समय में इस स्थान पर प्रतिवर्ष कार्तिक मास में कल्पवास होता है। दूर-दूर से साधु-सन्त यहाँ आते हैं।

वर्तमान स्थिति – वर्तमान में मन्दिर की स्थिति अत्यन्त जर्जर है। यह स्थान दो मंज़िला है। मन्दिर के मुख्य द्वार के भीतर सामने अति प्राचीन चरण पादुका है। मान्यताओं के अनुसार यह पद चिह्न प्रभु श्रीराम के हैं। मन्दिर के गर्भगृह में जाने के लिए चरण पादुका से दाहिनी ओर सीढ़ियों से

ऊपर जाना पड़ता है। मन्दिर के गर्भगृह में सम्पूर्ण रामदरबार के साथ राधा-कृष्ण जी भी विराजमान हैं। साथ में मुख्य रूप से गुप्तहरि जी की प्रतिमा भी स्थापित है। यह प्रतिमा अति प्राचीन है। अन्य हरियों की तरह यह प्रतिमा भी काले रंग की है।

99. यमस्थल

पता – यह स्थान चौदह कोसी परिक्रमा मार्ग पर ककरही बाज़ार से पश्चिम दिशा की ओर 800 मीटर आगे जाने पर दाहिनी ओर है।

शिलालेख – मन्दिर के दक्षिणी भाग में बिल्कुल सड़क के किनारे पर यह शिलालेख लगा हुआ है।

मान्यता – यमस्थल वर्तमान में जमथरा घाट के रूप में प्रसिद्ध है। इसी स्थान पर हिन्दुओं का अन्तिम संस्कार सम्पादित किया जाता है। चूँकि यह स्थल अयोध्या की चौदह कोसी परिक्रमा परिधि में पड़ता है, इसलिए यहाँ पर शवों के अन्तिम संस्कार करने की प्राचीन परम्परा रही है। अनेक धार्मिक ग्रन्थों एवं हिन्दू जनमानस में व्याप्त भावना से यह मान्यता मिलती है कि अयोध्या धाम के सरयू तट पर मृतक के अन्तिम संस्कार करने पर उसको इस संसार में आवागमन के बन्धन से मुक्ति

वैकुण्ठ द्वार
परिवार

मिलती है। घाट के पश्चिम ओर यमस्थल तीर्थ के परिसर में एक हनुमान मन्दिर स्थित है जिसे श्री सीताराम श्री संकटमोचन हनुमान मन्दिर कहा जाता है।

वर्तमान स्थिति – वर्तमान समय में यमस्थल अयोध्या धाम का सबसे सुव्यवस्थित श्मशान है। अयोध्या नगर के समाजसेवियों द्वारा समय-समय पर जमथरा घाट का सौन्दर्यीकरण कार्य कराया जाता है जिसमें मुख्य रूप से रोटरी क्लब एवं नगर के रिकाबगंज स्थित शान-ए-अवध होटल परिवार मुख्य हैं। जमथरा घाट पर वर्ष के किसी भी समय दाह-संस्कार किया जा सकता है। वर्षा ऋतु में असुविधा न हो इसके लिए यहाँ टीन शेड के नीचे दाह-संस्कार की व्यवस्था की गयी है।

100. विघ्नेश्वरनाथ जी

पता – यह स्थान अयोध्या शहर के उत्तर दिशा में चौदह कोसी परिक्रमा मार्ग पर ककरही बाज़ार मोहल्ले में पड़ता है।

शिलालेख – शिला की स्थिति सही है मगर इसको स्थानीय लोगों ने गेरुआ रंग से रंग कर इसके लेख के साथ थोड़ी छेड़छाड़ की है।

किंवदन्ती – पौराणिक मान्यताओं के अनुसार भगवान राम के पुत्र लव और कुश द्वारा स्थापित 108 शिवलिंगों में से एक यह भी है।

मान्यता – वर्तमान में इस स्थान पर विघ्नेश्वरनाथ जी के साथ-साथ दुर्गा जी की भी प्रतिमा स्थापित है और शिवरात्रि व श्रीकृष्ण जन्माष्टमी पर्व पर विघ्नेश्वरनाथ जी के शृंगार के साथ विशेष पूजन-अर्चन होता है और हर वर्ष शिवरात्रि के मौक़े पर शहर में निकलने वाली शिव बारात पूरे नगर का भ्रमण करते हुए इसी स्थान (विघ्नेश्वरनाथ जी) पर विश्राम लेती है।

ॐ नमः
शिवाय

श्री विघ्नेश्वर नाथ
शिव मन्दिर
श्री विघ्नेश्वर नाथ शिव

101. योगिनी कुण्ड

पता – योगिनी कुण्ड अयोध्या शहर के राजकीय औद्योगिक प्रशिक्षण संस्थान के पश्चिमी द्वार से अन्दर लगभग 70 मीटर जाने पर बायीं ओर है।

शिलालेख – अत्यधिक प्रयास के बाद यह शिलालेख हमें प्राप्त हुआ। शिलालेख सुरक्षित है मगर यह पूरी तरह से ज़मीन के भीतर था। लगभग एक फ़ीट गहराई तक खोदने के बाद शिला पर अयोध्या तीर्थ विवेचनी सभा का क्रमांक और योगिनी कुण्ड लिखा मिल गया।

किंवदन्ती – श्री अयोध्या माहात्म्य के अनुसार इस कुण्ड में चौंसठ योगिनियों का जल निवास करना बताया गया है, और योगिनी कुण्ड में स्नान से सुख समृद्धि की प्राप्ति होती है।

102. शक्र कुण्ड

पता – यह कुण्ड नगर के उदया स्कूल के चौराहे से परिक्रमा मार्ग पर दक्षिण दिशा में बढ़ने पर 30 मीटर पर बायीं ओर स्थित है।

शिलालेख – शक्र कुण्ड का शिलालेख 'गुरुकुल संस्कृति महाविद्यालय' के अन्दर सुरक्षित है।

किंवदन्ती – कार्तिक कृष्ण पक्ष की अमावस्या को यहाँ स्नान, दान करनेवाले स्वर्ग को प्राप्त होते हैं।

103. वन्दी देवी जी

पता – उदया स्कूल चौराहे से पूर्व दिशा की ओर 100 मीटर बढ़ने पर बायीं ओर।

शिलालेख – शिलालेख मन्दिर के मुख्य द्वार पर बिल्कुल सुरक्षित लगा हुआ है।

किंवदन्ती – पौराणिक कथाओं के अनुसार वन्दी देवी जी के दर्शन करने से निरपराध लोगों को कारागार भोगने का अवसर नहीं मिलता।

मान्यता – वर्तमान समय में वन्दी देवी जी को 'जालपा माता' के नाम से ज़्यादा जाना जाता है। अनुमान है कि यह नाम पड़ने का मुख्य कारण मन्दिर के साथ में बहने वाला अतिप्राचीन नाला, जो अब लुप्त होने के कगार पर है, उसी कारण से लोग इन्हें जालपा माता के नाम से भी बुलाते हैं। इसी स्थान से ही बड़ी संख्या में नगर और आसपास के लोग पंचकोसी परिक्रमा भी उठाते हैं।

104. मखस्थान

पता – यह स्थान परशुरामपुर से 5 किलोमीटर दक्षिण दिशा में मखौड़ा में है।

किंवदन्ती – मखस्थान एवं मखभूमि। मख शब्द का अर्थ है—यज्ञ अर्थात् यज्ञ का स्थान। इसी से इसका नाम मखस्थान पड़ा। मखौड़ा ही वह स्थल है जहाँ गुरु वशिष्ठ की सलाह तथा श्रृंगी ऋषि की मदद से राजा दशरथ ने पुत्रेष्टि यज्ञ करवाया था जिससे उन्हें राम आदि चार पुत्र पैदा हुए थे और यज्ञ सम्पन्न होने के ठीक छह दिनों के बाद राजा दशरथ जी ने इसी स्थान से चौरासी कोस की परिक्रमा प्रारम्भ की थी। यह प्रथा तब से आज तक चली आ रही है। आज भी चौरासी कोस परिक्रमा इसी स्थान से प्रारम्भ होती है।

मान्यता – वर्तमान में इस स्थान को मखौड़ा धाम के नाम से जाना जाता है। परशुरामपुर ब्लाक क्षेत्र में स्थित इस मन्दिर में भगवान राम परिवार सहित विराजमान हैं। आज भी यहाँ श्रीराम महायज्ञ के नाम से यज्ञ कराया जाता है और लोग पुत्र प्राप्ति से लेकर अन्य मनोकामनाओं हेतु यहाँ आते हैं और पूजन-अर्चन के साथ यज्ञ करते हैं। यहाँ प्रतिवर्ष चैत्र पूर्णिमा पर मेला लगता है।

वर्तमान स्थिति – वर्तमान समय में इस स्थान की स्थिति अन्य स्थानों से बहुत बेहतर है। मन्दिर के कुछ दूर पर ही मखौड़ा धाम का बड़ा प्रवेश-द्वार बना है तथा श्रद्धालुओं की भारी संख्या यहाँ आती रहती है, इसी कारण मखौड़ा धाम को राजनीतिक लाभ के कारण भी रख-रखाव के लिए सहयोग मिलता रहा है।

105. मनोरमा नदी

पता – यह पत्थर भी मखौड़ा धाम में स्थित है और मनोरमा नदी इसी धाम के बगल से बहती है मगर मनोरमा नदी का उद्‌गम स्थल गोंडा ज़िला मुख्यालय से 19 किमी की दूरी पर इटियाथोक नामक जगह पर है। यहाँ उद्दालक ऋषि का आश्रम, मनोरमा मन्दिर तथा तिर्रे नामक एक विशाल सरोवर है जहाँ से मनोरमा नदी निकलती है।

किंवदन्ती – मखौड़ा ही वह स्थल है, जहाँ गुरु वशिष्ठ की सलाह तथा श्रृंगी ऋषि की मदद से राजा दशरथ ने पुत्रेष्टि यज्ञ करवाया था जिससे उन्हें राम आदि चार पुत्र पैदा हुए थे। उस समय मखौड़ा के आसपास कोई नदी नहीं थी। यज्ञ के समय मनोरमा नदी का अवतरण कराया गया था। उद्दालक ऋषि द्वारा यज्ञ का अनुष्ठान करके सरस्वती नदी को मनोरमा के रूप में यहीं प्रकट किया गया था। तिर्रे तालाब के पास उन्होंने अपने नख से एक रेखा खींचकर गंगा का आह्वान किया तो गंगा, सरस्वती (मनोरमा) नदी के रूप में अवतरित हुई थीं।

मान्यता – यह नदी मनोरमा एवं मनवर नामों से जानी जाती है। इसके नाम के बारे में यह जनश्रुति है कि जहाँ मन रमे, वहीं मनोरमा होता है। जहाँ मन का माँगा वर मिले उसे ही 'मनवर' कहा जाता है।

मनोरमा नदी की पवित्र धारा मखौड़ा धाम से बहते हुए आगे तक जाती है। इटियाथोक के पास स्थित उद्दालक के आश्रम के पास एक विशाल मेले का आयोजन किया जाता है, जहाँ विशाल संख्या में श्रद्धालु पवित्र सरोवर तथा नदी में स्नान करते हैं तथा सैकड़ों दुकानें दो दिन पहले से ही सज जाती हैं।

106. रामरेखा

पता – यह स्थान बस्ती ज़िले के अमोढ़ा ग्राम में स्थित है।

शिलालेख – शिलालेख मन्दिर परिसर में सुरक्षित लगा हुआ है।

किंवदन्ती – कहा जाता है कि जब भगवान राम, सीता जी से विवाह कर जनकपुर से अयोध्या लौट रहे थे तो रास्ते में माता सीता को प्यास लगी। आसपास जल का कोई प्रबन्धन न देख भगवान राम ने अपने बाण से एक रेखा खींच दी जिससे जल धारा प्रवाहित होने लगी। माता सीता सहित अन्य लोगों ने इस जलस्रोत से अपनी प्यास बुझाई, कुछ देर विश्राम किया और आगे बढ़ गये। इस जलस्रोत ने नदी का रूप ले लिया। इसका नाम पड़ा रामरेखा। माना जाता है कि वह स्थान बस्ती ज़िले का अमोढ़ा गाँव था जहाँ भगवान राम ने बाण से रेखा खींची थी।

मान्यता – वर्तमान समय में रामरेखा धाम की दो प्रमुख मान्यताएँ हैं। प्रथम मान्यता अनुसार प्रभु श्रीराम एवं माता सीता ने जनकपुर से लौटते समय यहाँ कुछ समय विश्राम किया था और यह रामजानकी मार्ग पर पड़नेवाले स्थानों में विशेष स्थान है। दूसरी मान्यता अनुसार अयोध्या की चौरासी कोस परिक्रमा रामरेखा मन्दिर के समीप मखौड़ा धाम से प्रारम्भ होती है और रामरेखा मन्दिर इस परिक्रमा का प्रथम पड़ाव माना जाता है। स्थानीय पुजारी बताते हैं कि श्रद्धालु यहाँ प्रथम रात्रि विश्राम करके प्रातःकाल दूसरे पड़ाव हनुमान बाग चकोही के लिए बढ़ते हैं।

वर्तमान स्थिति – यह मन्दिर परिसर बहुत बड़े भू-भाग में फैला हुआ है। परिसर में एक रामजानकी मन्दिर, एक शिवाला, दो प्राचीन कुएँ स्थित हैं। प्राचीन मन्दिर को गिरा कर नये मन्दिर का पुनर्निर्माण कुछ वर्षों पूर्व ही कराया गया है। मन्दिर के जीर्णोद्धार कार्य योजना के दो शिलालेख मन्दिर परिसर में

लगे हुए हैं जिनके अनुसार एक योजना दिनांक 16/09/2018 को प्रारम्भ हुई है जिसकी स्वीकृत लागत 60.91 लाख रुपये थी। दूसरी योजना में मन्दिर परिसर तक आने वाली सड़क पर इंटरलाकिंग का कार्य दिनांक 16/09/2018 को कराया गया है।

107. श्रृंगी ऋषि

पता – अयोध्या-अम्बेडकर नगर मार्ग पर मया बाज़ार से टांडा की ओर लगभग छह किलोमीटर चलने पर बायीं ओर शेरवा घाट को जानेवाली सड़क पर लगभग दो किलोमीटर चलने पर सरयू नदी के तट पर यह आश्रम स्थित है।

शिलालेख – शिलालेख आश्रम के मध्य में सुरक्षित स्थिति में लगा हुआ है।

किंवदन्ती – पौराणिक मान्यताओं के अनुसार श्रृंगी ऋषि ने ही अयोध्या के अधिपति राजा दशरथ को सन्तान प्राप्ति के लिए पुत्र कामेष्टि यज्ञ करवाया था। उसी यज्ञ के पश्चात् राजा दशरथ जी को राम, लक्ष्मण, भरत और शत्रुघ्न जैसे चार श्रेष्ठ एवं योग्य पुत्र प्राप्त हुए। यह आश्रम उन्हीं मुनि की तपोस्थली के रूप में जाना जाता है।

मान्यता – अयोध्या चौरासी कोस की परिक्रमा में यह स्थान एक प्रमुख तीर्थ के रूप में गिना जाता है। जब श्रद्धालु चौरासी कोसी परिक्रमा प्रारम्भ करते हैं तो उनका तीसरे दिन का पड़ाव इसी स्थान पर होता है। स्थानीय जनों से बातचीत के आधार पर ज्ञात हुआ कि यहाँ लोग मुख्यतया पुत्र प्राप्ति हेतु दर्शन-पूजन करने आते हैं। यहाँ के स्थानीय जन अपने किसी भी शुभ कार्य को करने से पहले यहाँ आकर दर्शन-पूजन अवश्य करते हैं। मन्दिर परिसर सरयू तट पर होने के साथ-साथ बहुत सुन्दर एवं शान्त भी है। इसी कारण साधु-सन्त साधना एवं ध्यान हेतु यहाँ पधारते हैं।

वर्तमान स्थिति – यह आश्रम सरयू तट पर एक विशाल परिसर में फैला है। इस आश्रम के पुनर्निर्माण का कार्य सन् 1985 ई. में प्रारम्भ हुआ। यहाँ एक गुफा में श्रृंगी ऋषि की समाधि है, जो देवी पिण्डों की तरह उभरे हुए आकार में निर्मित है और इसी के साथ में एक और गुफा है जिसके अन्दर माँ शान्ता की

समाधि विद्यमान है। इन्हीं दोनों गुफाओं को मन्दिर का प्रारूप दिया गया है। मन्दिर परिसर में प्राचीन शिव मन्दिर भी स्थापित है। इस मन्दिर के गर्भगृह में एक दिव्य शिवलिंग मनोहारी रूप में विद्यमान है। वर्तमान में यहाँ के पुजारी ऋषि प्रसाद गोस्वामी जी हैं।

108. वाल्मीकि जी

पता – अयोध्या अम्बेडकर नगर मार्ग पर पूरा बाज़ार से दिलासीगंज की ओर जाने वाले मार्ग पर लगभग 15 किलोमीटर पर बबुआपुर ग्राम सभा के गोपालपुर माँझा क्षेत्र में सरयू तट पर यह स्थान स्थित है।

शिलालेख – शिलालेख मन्दिर परिसर में एक वट वृक्ष के नीचे लगा हुआ है।

किंवदन्ती – मन्दिर की पुजारी प्रेमादासी जी बताती हैं कि यह महर्षि वाल्मीकि जी का आश्रम है। मन्दिर किसने बनवाया किसी को पता नहीं। कहती हैं कि इसी आश्रम में लवकुश का जन्म हुआ था। रामायण काल में माता सीता यहीं पर रहती थीं।

मान्यता – यहाँ साल में दो बार श्रीमद्‌भागवत कथा और भण्डारा होता है। नदी की धारा यहाँ से दूर हो गयी है। मानपारा गाँव के रहनेवाले भक्त रामनयन उपाध्याय कहते हैं कि यह महर्षि वाल्मीकि की तपस्थली है। रामायण काल में माता सीता यहीं पर रहती थीं। रुद्रयामल ग्रन्थ के अयोध्या माहात्म्य में एक प्रमुख तीर्थ के रूप में वाल्मीकि आश्रम को बताया गया है।

वर्तमान स्थिति – मन्दिर में वाल्मीकि जी और हनुमान जी की मूर्तियाँ लगी हैं। यह मन्दिर किसने बनवाया, यह किसी को पता नहीं है। थोड़ी दूर पर एक कुआँ झाड़ियों से घिरा है। यहाँ की विशेषता है कि मन्दिर की पुजारी केवल महिला ही होती है। मन्दिर की पुजारी प्रेमादासी जी बताती हैं कि मन्दिर की पुजारिन अपनी शिष्याओं में से किसी एक को उत्तराधिकारी बनाती हैं।

109. विल्वहरि

पता – यह स्थान अयोध्या से पूरा बाज़ार की ओर जाने पर पूरा बाज़ार से 200 मीटर पहले बायीं ओर जाने वाली सड़क पर 500 मीटर अन्दर जाने पर स्थापित है।

शिलालेख – शिलालेख मन्दिर के बगल में सुरक्षित लगा हुआ है।

किंवदन्ती – अयोध्या माहात्म्य के अनुसार विल्वहरि जी का स्थान ही वह स्थान है जहाँ चक्रवर्ती सम्राट दशरथ जी का दाह-संस्कार हुआ था। तत्कालीन अयोध्या का श्मशानघाट यही था।

मान्यता – एक और कथा के अनुसार एक विषयासक्त गन्धर्व श्री नारद मुनि के शाप से विल्वरूप प्राप्त हुआ। पुनः श्री नारद के अनुग्रह से अयोध्या में सरयू तीर पर निवास करने लगा। भगवान् श्रीराम के अवतार के पश्चात् उनका दर्शन प्राप्त कर वह शापमुक्त होकर चतुर्भुज रूप धारण कर विमान द्वारा परमधाम को गया। उसी ने अपने नाम के आगे हरि जोड़कर यहाँ भगवान् की स्थापना की जिससे यह स्थान विल्वहरि नाम से प्रसिद्ध हुआ। वह विल्व चतुर्भुज रूप को प्राप्त हुआ था और आज भी विल्वहरि मन्दिर में स्थापित शिवलिंग चतुर्भुज रूप नें है।

वर्तमान स्थिति – वर्तमान में इस स्थान पर राजा दशरथ की समाधि का बहुत बेहतर ढंग से पुनर्निर्माण करवाया गया है। स्थानीय लोग यहाँ नियमित रूप से दर्शन-पूजन के लिए आते हैं। स्थान की स्थिति बहुत बेहतर है।

110. त्रिपुरारी जी

पता – यह स्थान अयोध्या-अम्बेडकर नगर मार्ग पर दर्शन नगर से 2 किलोमीटर आगे जाने पर बायीं ओर तिहुरा ग्राम में पड़ता है।

शिलालेख – शिलालेख कुण्ड के किनारे सुरक्षित लगा हुआ है।

किंवदन्ती – अयोध्या माहात्म्य के अनुसार सरयू तट पर स्थित त्रिपुरारी जी के दर्शन से पूर्व सरयू जी में स्नान अवश्य करना चाहिए। उसके बाद यहाँ विधिपूर्वक त्रिपुरारी शंकर जी का पूजन करना चाहिए। विधिपूर्वक त्रिपुरारी जी की पूजा सम्पन्न करने से सभी मनोकामनाएँ पूर्ण होती हैं।

मान्यता – मान्यताओं के अनुसार इस स्थान की वार्षिक यात्रा कार्तिक माह की पूर्णिमा को की जाती है। कुछ वर्षों पूर्व तक इस दिन यहाँ मेले का आयोजन भी होता था।

111. पुण्यहरि

पता – यह स्थान पूरा बाज़ार-रसूलाबाद मार्ग पर लगभग 4 किलोमीटर आगे जाने पर खानपुर ग्राम सभा के अन्तर्गत पुनहद मजरे में स्थित है। पुण्यहरि के नाम पर ही इस स्थान का नाम पुनहर या पुनहद कहलाता है।

शिलालेख – शिलालेख कुण्ड से पश्चिम दिशा की ओर झाड़ियों में लगा हुआ है। स्थानीय निवासी लोकेश तिवारी का कहना है कि जल्द ही वह शिलालेख को सुरक्षित ढंग से वहाँ से स्थानान्तरित करके मन्दिर के द्वार पर लगवाएँगे जिससे उसकी देखरेख एवं सुरक्षा हो सके।

किंवदन्ती – अयोध्या के सप्तहरि तीर्थों में वर्णित यह अन्तिम हरि तीर्थ पुण्यहरि है।

मान्यता – वर्तमान में पुनहद गाँव में यह मान्यता है कि वनवास से लौटने पर अयोध्या क्षेत्र में प्रवेश से पूर्व चारों बन्धुओं राम, लक्ष्मण, भरत, शत्रुघ्न के मिलने का स्थान यही है। इसीलिए इस स्थान को बन्धु बाबा भी कहा जाता है। वर्तमान समय में यह स्थान लोगों में बन्धु बाबा के नाम से अधिक जाना जाता है। वर्तमान में श्री पुण्यहरि कुण्ड के बारे में यह मान्यता है कि इसके मृत्तिका लेपन और जल स्नान से चर्म रोग समाप्त होता है और पीलिया रोग से मुक्ति मिलती है। इस रोग के इलाज हेतु लोग दूर-दूर से यहाँ आते हैं।

वर्तमान स्थिति – वर्तमान में इस स्थान में कोई मन्दिर नहीं है। यहाँ एक विशाल पीपल वृक्ष के नीचे एक मिट्टी का स्तूप है जिसे सभी बन्धु बाबा कहते हैं। वृक्ष के पूरे क्षेत्र को घेर कर एक देव स्थान का रूप दिया गया है। पुण्यहरि कुण्ड की स्थिति भी अत्यन्त दयनीय है। स्थान पर लगे अनेक शिलापट्ट ये दर्शाते हैं कि इस स्थान का जीर्णोद्धार कार्य कई बार हुआ है परन्तु स्थान की वर्तमान दशा उन कार्यों की गुणवत्ता को दर्शाने के लिए काफ़ी है।

नोट – शिलालेख क्रमांक 111. हनुमान कुण्ड, 112. विभीषण कुण्ड, 113. सुग्रीव कुण्ड, 114. राम कुण्ड, 115. सीता कुण्ड, 116. दुग्धेश्वर महादेव, 117. भैरव कुण्ड–यह सभी कुण्ड दुग्धेश्वर तीर्थ के आसपास लगभग एक किलोमीटर के क्षेत्र में स्थित हैं। इन सभी स्थानों में मुख्यतया यह स्थान दुग्धेश्वर महादेव जी एवं भैरव जी का है। अयोध्या माहात्म्य के अनुसार 14 वर्ष वनवास एवं रावण वध के बाद जब प्रभु श्रीराम अयोध्या वापस आये तब उनका पुष्पक विमान इसी स्थान पर उतरा था। उस समय पुष्पक विमान में सवार सभी लोगों के नाम से (लक्ष्मण जी को छोड़ के) यहाँ एक-एक कुण्ड स्थापित हैं।

पता – यह सभी स्थान अयोध्या से प्रयागराज जानेवाली सड़क पर बीकापुर बाज़ार में स्थित पुलिस कोतवाली के ठीक सामने से जना बाज़ार को जाने वाली सड़क पर लगभग 3 किलोमीटर जाने पर दराबगंज बाज़ार पड़ती है उसी बाज़ार को पार करने पर दाहिनी ओर तारो माफी ग्राम सभा में यह सभी तीर्थ स्थित हैं।

मान्यता – इन सभी कुण्डों में विशेष पर्व का दिन भाद्रपद मास की शुक्ल चतुर्दशी है। स्थानीय निवासी इन्द्रजीत बताते हैं इस दिन यहाँ विशाल मेले का आयोजन होता है।

112. हनुमान कुण्ड

पता – यह स्थान दुग्धेश्वर जी के दक्षिण पूर्व कोने पर लगभग एक किलोमीटर पर स्थित है।

शिलालेख – शिलालेख एकदम असुरक्षित स्थिति में गाँव के बाहर जंगल में लगा हुआ है।

113. विभीषण कुण्ड

पता – यह स्थान हनुमान कुण्ड से 200 मीटर उत्तर में स्थित है।

शिलालेख – शिलालेख एकदम असुरक्षित स्थिति में गाँव के बाहर जंगल में लगा हुआ है।

114. सुग्रीव कुण्ड

पता – यह कुण्ड दुग्धेश्वर जी से हनुमान कुण्ड जाने वाले मार्ग पर 300 मीटर आगे जाने पर दाहिनी ओर पर है।

शिलालेख – शिलालेख असुरक्षित हालत में झाड़ियों के बीच लगा हुआ है।

115. राम कुण्ड

पता – यह कुण्ड दुग्धेश्वर जी के उत्तर-पूर्व कोने पर लगभग 200 मीटर की दूरी पर है।

शिलालेख – शिलालेख कुण्ड के सामने दाहिनी ओर झाड़ियों के बीच लगा हुआ है।

116. सीता कुण्ड

पता – यह कुण्ड दुग्धेश्वर जी के उत्तर में स्थित है।

शिलालेख – कुण्ड के सामने उत्तर दिशा में लगा हुआ है।

मान्यता – इस कुण्ड के दक्षिण तट पर दुग्धेश्वर महादेव का मन्दिर है एवं उत्तर तट पर कुछ वर्ष पूर्व बना एक हनुमान मन्दिर स्थापित है। यहाँ हर वर्ष रामनवमी का मेला लगता है।

वर्तमान स्थिति – इस क्षेत्र में स्थित सभी कुण्डों में सीता कुण्ड ही बचा है जिसमें पर्याप्त मात्रा में जल है और आज भी इस कुण्ड का जल स्वच्छ है। आस-पास के सभी तीर्थों में सीताकुण्ड ही सर्वाधिक प्रसिद्ध है। यहाँ के सभी तीर्थों को लोग सीताकुण्ड के नाम से ही जानते हैं।

117. दुग्धेश्वर महादेव

पता – सीता कुण्ड के दक्षिण तट पर यह मन्दिर स्थित है।

शिलालेख – शिलालेख मन्दिर के बगल में दक्षिण दिशा में लगा है।

किंवदन्ती – श्री यतीन्द्र मिश्र जी अपनी पुस्तक 'शहरनामा फ़ैज़ाबाद' में लिखते हैं कि ऐतिहासिक मान्यता अनुसार श्रीराम के पूर्वज महाराज रघु का जन्म इन्हीं दुग्धेश्वर जी की कृपा से हुआ था। वशिष्ठ मुनि की गौ नन्दिनी के स्तनों से प्रवाहित दुग्धधारा से भगवान आशुतोष प्रकट हुए थे, जिनकी प्रतिष्ठा के लिए भगवान श्रीरामचन्द्र जी ने इस शिवलिंग की स्थापना श्री दुग्धेश्वर के रूप में की। यह कथा स्कन्द पुराण के पूर्वोक्त खण्ड में दी गयी है। भादों सुदी चतुर्दशी को यहाँ की यात्रा की मान्यता है।

मान्यता – स्थानीय निवासी इन्द्रजीत जी से बातचीत एवं मन्दिर परिसर में लगे पोस्टरों के आधार पर यह ज्ञात हुआ कि आज भी यहाँ महाशिवरात्रि पर्व पर मेले का आयोजन होता है।

वर्तमान स्थिति – दुग्धेश्वर जी के मन्दिर दर्शन के पश्चात् ज्ञात होता है मन्दिर के आस-पास का भू-भाग ज़मीन से ऊपर है एवं वर्तमान मन्दिर से सट कर लगे वट वृक्ष के तनों में भी पुराने मन्दिर के अवशेष दिखाई पड़ते हैं। इससे यह ज्ञात होता है पूर्व में यह मन्दिर कितना भव्य एवं विशाल रहा होगा। वर्तमान में यह मन्दिर बहुत छोटे आकार का है जिसे टाइल्स एवं पत्थरों से सजाया गया है। मन्दिर से सट कर एक छोटी-सी धर्मशाला भी है जिस पर लिखी जानकारी के अनुसार इस नवीन मन्दिर एवं धर्मशाले का निर्माण श्री रामराज मिश्र एवं श्री राम पदारथ मिश्र द्वारा 1984 ई. में कराया गया है।

118. भैरव कुण्ड

पता – यह स्थान दुग्धेश्वर जी से दक्षिण की ओर लगभग 300 मीटर पर स्थित है।

शिलालेख – शिलालेख एक खेत में असुरक्षित स्थिति में लगा हुआ है।

किंवदन्ती – लोक मान्यताओं के अनुसार पूर्व काल में जब लोग लम्बी यात्रा से वापस आते थे तो पहले घर और गाँव के बाहर स्थित देव स्थान पर उपासना करते थे। उसके पश्चात् गृह या ग्राम में प्रवेश करते थे। इसी मान्यता का अनुसरण करते हुए चौदह वर्षों के वनवास के उपरान्त जब भगवान राम अयोध्या लौटे, तो उससे पूर्व इसी स्थान पर उन्होंने भैरव जी की उपासना करके नगर प्रवेश किया था।

119. तमसा नदी (गौरा घाट)

पता – अयोध्या से दर्शन नगर एवं दर्शन नगर से लगभग 14 किलोमीटर करमा कोडरी चौराहा पार करने के उपरान्त राम-वन-गमन मार्ग पर चलते हुए गौरा घाट नाम की जगह पड़ती है। यह घाट तमसा तट पर ही है।

शिलालेख – अत्यधिक तलाश करने के पश्चात् भी शिलालेख नहीं मिला।

किंवदन्ती – पौराणिक मान्यताओं के अनुसार वनवास जाते समय श्रीराम ने प्रथम रात्रि का विश्राम यहीं किया था एवं अयोध्यावासियों को यहीं से अयोध्या वापस लौट जाने का निवेदन किया था।

मान्यता – जैसा कि आप सभी देख रहे हैं कि एडवर्ड तीर्थ विवेचनी सभा ने यहाँ तमसा नदी का शिलालेख लगाया है जबकि इस स्थान पर न तो तमसा का उद्गम है और न संगम। यहाँ शिलालेख लगाने का वास्तविक कारण यह है कि गौरा घाट ही वह स्थान है जिस कारण तमसा का इतना महत्त्व है।

120. प्रमोद वन

पता – अयोध्या-लखनऊ राजमार्ग पर लगभग 50 किलोमीटर आगे जाने पर बसौढ़ी नामक स्थान से बायीं ओर जाने वाले मार्ग पर 3 किलोमीटर अन्दर जाने पर लखनीपुर ग्राम में स्थित है।

शिलालेख – शिलालेख हनुमान मन्दिर के द्वार पर सुरक्षित लगा हुआ है।

किंवदन्ती – रुद्रयामल ग्रन्थ के अनुसार यह माण्डव्य ऋषि की तपोस्थली रही है। यहीं तमसा नदी का उद्गम स्थल भी है। रुद्रयामल में इस स्थान के वर्णन में लिखा है कि यह वन अनेक वृक्षों से मनोहर है। इसी कारण इस सुन्दर वन को प्रमोद वन कहा गया है।

मान्यता – वर्तमान समय में यहाँ एक हनुमान जी का मन्दिर है जिसकी मान्यता है कि यहाँ विधिपूर्वक पूजन करने से सभी मनोकामनाएँ पूर्ण होती हैं। प्रत्येक वर्ष 1 फ़रवरी को यहाँ एक विशाल मेला लगता है एवं भण्डारे का भी आयोजन किया जाता है।

121. श्रवण क्षेत्र

पता – अयोध्या-रायबरेली राजमार्ग पर बारुन बाज़ार से 300 मीटर आगे जाने पर दाहिनी ओर अन्दर 700 मीटर चलने पर ग्राम सभा खिहारन में यह स्थान स्थित है।

शिलालेख – शिलालेख मन्दिर परिसर में अनजान बिरवा के वृक्ष के नीचे लगा हुआ है।

किंवदन्ती – किंवदन्तियों के अनुसार यह वही स्थान है जहाँ पर महाराज दशरथ जी द्वारा शिकार खेलते समय श्रवण कुमार जी को तीर लगा था। आज भी यहाँ एक बड़ा तालाब स्थित है।

मान्यता – स्थानीय मान्यता के अनुसार यहाँ स्थित तालाब में प्रत्येक रविवार एवं मंगलवार को स्नान करने से सभी प्रकार के चर्म रोगों से मुक्ति मिलती है। यहाँ प्रतिवर्ष शरद पूर्णिमा के दिन विशाल मेला होता है एवं नवम्बर माह में किसी एक दिन विशाल भण्डारे का आयोजन किया जाता है।

वर्तमान स्थिति – वर्तमान समय में यह स्थान लगभग 8 बीघे में फैला हुआ है। इस स्थान को स्थानीय लोग कई नामों से जानते हैं। पितृ तीर्थ के कारण लोग इसे पितिया तालाब के नाम से भी जानते हैं। मुख्यतया इस स्थान को अब अन्धी-अन्धा के नाम से जाना जाता है। यहाँ अनेक प्रकार के वृक्ष लगे हुए हैं। जिनमें एक प्राचीन वृक्ष भी है जिसकी मान्यता है कि श्रवण कुमार जी ने अपनी काँवर इसी वृक्ष पर लटकाई थी। यहाँ के पुजारी श्री कृष्णाचार्य जी बताते हैं कि आज तक इस वृक्ष की पहचान न हो पाने के कारण लोग इसे अनजान बिरवा कहते हैं। वर्तमान में यह स्थान अयोध्या स्थित सुग्रीव क़िला की देख-रेख में है।

आश्रम
खिहारन

122. पराशर आश्रम

पता – अयोध्या-लखनऊ राष्ट्रीय राजमार्ग पर सोहावल टोल से लगभग 5 किमी. आगे जाने पर काँटा चौराहा है। इसी चौराहे से बायीं ओर (दक्षिण दिशा) चलने पर देवराकोट ग्राम सभा है। इसी ग्राम सभा के प्राथमिक विद्यालय के ठीक बगल यह आश्रम स्थित है।

शिलालेख – शिलालेख आश्रम में स्थित एक विशाल पीपल वृक्ष के नीचे सुरक्षित स्थिति में लगा हुआ है।

किंवदन्ती – पौराणिक कथाओं के अनुसार यह स्थान श्री पराशर मुनि की जन्मस्थली है।

मान्यता – वर्तमान समय में यह स्थान झण्डहवा बाबा के नाम से अधिक जाना जाता है। कुछ लोग इसे डाकोरदास बाबा की कुटिया के रूप में भी जानते हैं। वास्तव में यह स्थान श्री पराशर मुनि की जन्मभूमि के रूप में स्थापित किया गया था, मगर वर्तमान समय में इस स्थान के नाम परिवर्तन की एक रोचक कथा है। आश्रम के परिसर में एक विशालकाय बरगद का वृक्ष है। उस वृक्ष की शाखाओं और तनों की प्रशाखाओं से ऐसी आकृति उभरी जो पहाड़ उठाये हुए हनुमान जी की तरह लगती है। तभी से स्थानीय लोगों ने उस आकृति पर महावीरी का लेपन करके यहाँ हनुमान जी का स्थान बना दिया एवं यहाँ नियमित पूजा-पाठ प्रारम्भ हो गया। यहाँ लगातार अखण्ड रामायण पाठ, सुन्दर काण्ड के साथ-साथ श्रद्धालु झण्डा एवं हनुमान जी की पताका लगाने लगे। तभी से इस स्थान का नाम झण्डहवा बाबा के रूप में प्रसिद्ध हो गया।

वर्तमान स्थिति – परिसर के मुख्य मन्दिर में विष्णु भगवान की एक प्राचीन प्रतिमा स्थापित है जो कि पत्थर से निर्मित है। विष्णु भगवान के सम्मुख राम-दरबार की अष्टधातु की प्रतिमाएँ स्थापित हैं। मुख्य मन्दिर के सम्मुख एक प्राचीन शिवाला भी है जिसे नवीन रूप दे दिया गया है। शिवाले में स्थित

शिवलिंग पंचमुखी है जो संगमरमर से निर्मित एवं अत्यन्त मनमोहक है। पराशर आश्रम के पुराने मन्दिर का जीर्णोद्धार पिछले छह-सात वर्षों में हुआ। वर्तमान में इस स्थान पर पूजा-पाठ के साथ देख-रेख का कार्य बाबा रामसेवक दास जी द्वारा किया जा रहा है जो यहाँ पर श्री मणिराम दास जी की छावनी द्वारा नियुक्त किये गये हैं।

123. च्यवनाश्रम

पता – अयोध्या-लखनऊ राष्ट्रीय राजमार्ग पर रौनाही थाने के ठीक सामने दक्षिण दिशा में ड्योढ़ी बाज़ार की ओर जाने वाली सड़क पर ड्योढ़ी बाज़ार से थोड़ा आगे जाने पर बायीं ओर जाने पर कुन्दुर्खाकला ग्राम सभा पड़ती है। इसी ग्राम सभा के प्राथमिक विद्यालय के समीप ही निर्जन में यह च्यवन मुनि का आश्रम स्थित है।

शिलालेख – वर्तमान में यहाँ दो झोपड़ी एवं एक चबूतरा स्थापित है। इसी चबूतरे के समीप शिलालेख सुरक्षित स्थिति में लगा हुआ है।

किंवदन्ती – इस स्थान को च्यवन मुनि की तपोस्थली के रूप में बताया जाता है।

वर्तमान स्थिति – वर्तमान में यह आश्रम एक निर्जन स्थान के बीच में स्थापित है। पिछले कई वर्षों से इस आश्रम की देख-रेख बाबा मनोरम जी कर रहे हैं। यहाँ पहुँचने के लिए बेहद कठिनाई का सामना करना पड़ता है। इसी कारण यहाँ आने-जाने वालों की संख्या बहुत कम है और किसी प्रकार का दान अथवा सहायता प्राप्त नहीं होती। जिस कारण मनोरम दास जी को इस स्थान की देख-रेख करने में अत्यन्त कठिनाई का सामना करना पड़ता है। आश्रम से उत्तर दिशा में एक कुण्ड भी है जिसे च्यवन कुण्ड के नाम से जाना जाता है।

124. गौतमाश्रम

पता – यह स्थान अयोध्या-लखनऊ राजमार्ग पर भेलसर बाज़ार से बायीं ओर 5 किलोमीटर पर रुदौली (रुद्रावली) बाज़ार पड़ता है। बाज़ार के पश्चिमी भाग में यह स्थान स्थित है।

शिलालेख – शिलालेख मन्दिर परिसर में लगा हुआ है।

किंवदन्ती – किंवदन्तियों के अनुसार यह स्थान कभी श्री गौतम ऋषि का आश्रम हुआ करता था।

मान्यता – स्थानीय जनों को स्थान की पौराणिकता के विषय में कोई जानकारी नहीं है।

वर्तमान स्थिति – वर्तमान समय में इस स्थान को एक श्मशान घाट के रूप में बदल दिया गया है। परिसर के दक्षिण और पश्चिम दिशा की ओर एक विशाल सरोवर है जो कई सौ एकड़ में फैला हुआ है। इस परिसर में एक शिव मन्दिर, एक रामजानकी मन्दिर भी है। यहाँ नियमित पूजा-पाठ के लिए कोई पुजारी नहीं है जिसके कारण स्थानीय जनों द्वारा पूजा-पाठ किया जाता है।

125. माण्डव्याश्रम

पता – प्राचीन नदी तमसा के उद्गम तट के समीप यह आश्रम स्थित है।

शिलालेख – इस शिलालेख के साथ काफ़ी अज्ञानता की गयी है। सर्वप्रथम इसको अज्ञानता से इसके वास्तविक स्थान से हटा कर नन्दीग्राम में भरत कूप के समीप लाकर गाड़ दिया गया है, साथ में इसके वास्तविक लेख से भी छेड़छाड़ की गयी है। शिलालेख पर लिखे 'माण्डव्याश्रम' को विकृत करके माण्डव्यीश्रम कर दिया गया है।

किंवदन्ती – यह माण्डव्य मुनि की तपोभूमि रही है।

126. मानस तीर्थ

पता – यह स्थान भरत कुण्ड के पूर्व रैथुवा ग्राम सभा में स्थित है।

शिलालेख – शिलालेख असुरक्षित स्थिति में खेतों के मध्य लगा हुआ है।

किंवदन्ती – पूर्व में यह तीर्थ बहुत बड़े जलाशय के रूप में था और पिशाचमोचन और गया वेदी के सभी कर्मकाण्ड को पूर्ण करके लोग यहीं स्नान करते थे।

मान्यता – मान्यता है इस स्थान पर भाद्रपद की पूर्णिमा को विशेष दर्शन व स्नान का महत्त्व है।

127. पिशाचमोचन

पता – यह स्थान भरत कुण्ड के पूर्व रैथुवा ग्राम सभा में स्थित है।

शिलालेख – शिलालेख कुण्ड के साथ में सुरक्षित स्थिति में है।

किंवदन्ती – अयोध्या माहात्म्य के अनुसार पिशाचमोचन तीर्थ पर स्नान, दान, तर्पण आदि करने से पिशाचत्व से मुक्ति मिलती है। इस स्थान पर श्राद्ध कर्म की प्रधानता है।

मान्यता – यहाँ मार्गशीर्ष शुक्ल पक्ष की चतुर्दशी को स्नान व दर्शन का विशेष महत्त्व है।

128. गया कुण्ड (गया वेदी)

पता – यह तीर्थ भरत कुण्ड के दक्षिण तट पर स्थित है।

शिलालेख – यहाँ पर 'एडवर्ड अयोध्या विवेचनी सभा' का जो शिलालेख लगा था वह खण्डित होकर इधर-उधर हो गया था। उसको खोज कर हमने वेदी के पास रख दिया था, मगर आज भी वह शिलालेख असुरक्षित स्थिति में है। उस शिलालेख को सुरक्षित स्थापित किया जाना चाहिए।

किंवदन्ती – प्राचीन मान्यताओं के अनुसार त्रेताकाल से इस तीर्थ पर पितरों का श्राद्ध-कर्म और पिण्डदान किया जाता है। श्री अयोध्या माहात्म्य के अनुसार श्रीराम ने गया नामक तीर्थ का यहीं पर आवाहन किया था, तभी से उसी काल की एक वेदी यहाँ पर है।

ॐ नम शिवाय

मान्यता – वर्तमान समय में पूर्वी उत्तर प्रदेश में इस स्थान का महत्त्व बिहार राज्य में स्थित गया जी के बराबर माना जाता है। आस-पास के लोग पितरों के श्राद्ध कर्म और पिण्डदान के लिए यहीं आते हैं और बड़ी संख्या में लोग गया जी की यात्रा भी इसी स्थान से प्रारम्भ करते हैं। लोक मान्यता के अनुसार सोमवती अमावस्या के दिन यहाँ श्राद्ध का विशेष महत्त्व है। सम्पूर्ण अवध क्षेत्र में तर्पण के लिए 'गया कुण्ड' की प्रतिष्ठा सर्वोपरि है।

129. भरत कुण्ड

पता – यह स्थान अयोध्या से प्रयागराज जाने वाले मार्ग पर लगभग 14 किलोमीटर की दूरी पर स्थित है।

शिलालेख – स्थापना काल में यह शिलालेख कुण्ड के पश्चिम दिशा में था, अब उसे स्थानान्तरित करके उत्तर-पश्चिम के कोण पर कुण्ड की सीढ़ियों पर स्थापित कर दिया गया है।

किंवदन्ती – अयोध्या तीर्थ क्षेत्र में इस तीर्थ का विशेष महत्त्व है। यहीं पर रहकर त्रेता युग में भगवान श्रीराम के छोटे भाई भरत जी ने श्रीराम की अनुपस्थिति में कोशल राज्य का संचालन किया था तथा श्रीराम, लक्ष्मण, सीता जी की तरह वैभवशाली जीवन को त्याग कर निर्वासित रहते हुए यहीं 14 वर्षों तक निवास किया था।

मान्यता – 'भरत कुण्ड' क्षेत्र में वर्तमान समय में अनेक मन्दिर और स्थान हैं। यह स्थान तप और त्याग की भूमि कही जाती है। इस कुण्ड के जल को सरयू जल के बराबर महत्त्व दिया जाता है। अयोध्या धाम आने वाले श्रद्धालु इस तीर्थ पर अवश्य जाते हैं। आस-पास के साधु-सन्तों को साधना एवं ध्यान के लिए यह तीर्थ बहुत प्रिय है।

130. नन्दीग्राम

पता – सम्पूर्ण भरत कुण्ड तीर्थ क्षेत्र नन्दीग्राम में स्थित है।

शिलालेख – वर्तमान में यह शिलालेख नन्दीग्राम परिसर में एक वट वृक्ष के नीचे सुरक्षित स्थिति में है, मगर उस पर लिखे गये लेख के साथ छेड़छाड़ की गयी है।

किंवदन्ती – इसी स्थान पर रहकर त्रेता युग में भगवान श्रीराम के छोटे भाई भरत जी ने श्रीराम की अनुपस्थिति में कोशल राज्य का संचालन किया था तथा श्रीराम, लक्ष्मण, सीता जी की तरह वैभवशाली जीवन को त्याग कर निर्वासित रहते हुए यहीं निवास किया था।

मान्यता – सनातन धर्म में इस स्थान को एक विशेष महत्त्व दिया जाता है। मान्यतानुसार यह स्थान त्रेता युग के प्रभु श्रीराम के वनवास काल से जुड़ा हुआ है। इसी क्षेत्र में भरत जी ने 14 वर्षों तक सम्पूर्ण वैभव त्याग कर निर्वासित जीवन

व्यतीत किया था। इसी स्थान पर पूर्व दिशा में एक भरत कूप भी है जिसमें 26 तीर्थों का जल है। इस कूप के जल के आचमन मात्र से सभी पापों का नाश होता है।

वर्तमान स्थिति – वर्तमान में यहाँ की स्थिति काफ़ी ठीक है। इसी वर्ष के सावन माह में यहाँ पर एक चौदह वर्षीय निरन्तर चलने वाला रामनाम का जाप भी प्रारम्भ हुआ है।

स्थानीय लोगों की राय – इस क्षेत्र को पर्यटन स्थल के रूप में विकसित किया जाये। तप और त्याग की इस भूमि ने सम्पूर्ण भारतवर्ष को त्याग और तप का सन्देश दिया है। इसलिए 'भरत कुण्ड' को एक धार्मिक पर्यटन स्थल के रूप में विकसित किया जाना चाहिए।

131. कालिका देवी

पता – यह मन्दिर भरत कुण्ड से पश्चिम दिशा में स्थित है।

शिलालेख – यह शिला पूर्ण रूप से ज़मीन के अन्दर दब गयी है, अत्यन्त प्रयास के पश्चात् मन्दिर के मुख्य द्वार के पास इस शिला का मात्र एक इंच का भाग ज़मीन के ऊपर दिखा।

किंवदन्ती – यह पूर्व में काली उपासना का प्रमुख स्थान रहा है।

मान्यता – इस स्थान पर पूजन करने से अनेक सिद्धियों की प्राप्ति होती है और माँ काली सभी कष्टों से भक्तों की रक्षा करती हैं।

132. जटा कुण्ड

पता – भरत कुण्ड से भदरसा की ओर राम वन-गमन मार्ग पर कुछ दूर चलने पर दाहिने हाथ पर एक ईंट भट्ठे है उसी भट्ठे के बीच से होते हुए 500 मीटर आगे जाने पर मूसेपुर ग्राम में जटा कुण्ड स्थित है।

किंवदन्ती – नन्दीग्राम से पश्चिम भदरसा की ओर जाने वाली सड़क के उत्तर दिशा में यह स्थान स्थित है। यहाँ अब भी खण्डित मूर्तियों के अवशेष वीरान झाड़ी में काफ़ी दिनों तक पड़े रहे। इनको लेकर आस-पास के लोगों में कई तरह की किंवदन्तियाँ भी प्रचलित हैं। यहाँ के लोग बताते हैं कि इस खण्डित मूर्ति को इधर-उधर करने के बाद भी यह स्वतः अपने नियत स्थान पर रात्रि में पहुँच जाती है। यहाँ अक्सर एक विषधर

को घूमते हुए भी देखा गया है। इस स्थल की मान्यता है कि श्रीराम जी के 14 वर्ष के वनवास के बाद वापसी के समय यहीं पर श्रीराम और भरत जी की जटाएँ विवराई गयी थीं। भरत जी की जटा को श्रीराम जी ने स्वयं अपने हाथ से निकालकर स्नान कराया और स्वयं भी स्नान किया था। इसके बारे में सन्त तुलसीदास जी ने कहा है कि–

पुनि करुणानिधि भरत हकारे, निज कर जटा राम निरवारे।

यह स्थल श्रीराम और भरत जी से जुड़ा है। अब भी इस घने जंगल में कभी-कभार दूरदराज से आनेवाले श्रद्धालु घण्टों रुककर पूजन-अर्चन करते हैं।

कुछ वैदिक और मध्यकालीन लेखों के अध्ययन से ज्ञात हुआ कि वनवास से वापस लौटने के पश्चात् इसी स्थान पर प्रभु श्रीराम ने अपनी जटाओं का त्याग किया था। इन्हीं मान्यताओं से इस कुण्ड का नाम जटा कुण्ड पड़ा।

मान्यता – स्थानीय लोगों को इस कुण्ड के बारे में कुछ जानकारी नहीं। कुण्ड के पूर्व दिशा में भदरसा की स्थानीय निवासी श्रीमती माधुरी श्रीवास्तव द्वारा अपने पति स्वर्गीय राजेन्द्र प्रसाद श्रीवास्तव की स्मृति में 2017 में एक मन्दिर का निर्माण करवाया गया है। इस मन्दिर में एक संगमरमर पर श्रीराम के पदचिह्न और एक अति प्राचीन पाषाण में खण्डित कलाकृतियों की समूहनुमा बनी मूर्ति भी स्थापित है। यहाँ के वार्षिक आयोजन के बारे में पता करने पर पता चला भदरसा के ही कुछ परिवारों द्वारा वर्ष में एक बार यहाँ भण्डारे का आयोजन करवाया जाता है।

133. शत्रुघ्न कुण्ड

पता – यह स्थान भदरसा से एक किलोमीटर उत्तर में दोस्तपुर ग्राम के आँगनबाड़ी केन्द्र के ठीक सामने स्थित है।

किंवदन्ती – पौराणिक मान्यताओं के अनुसार प्रभु श्री राम के वनवास जाने के पश्चात् शत्रुघ्न जी ने यहाँ पर रहकर तप किया था।

वर्तमान स्थिति – वर्तमान में यहाँ शत्रुघ्न जी का एक मन्दिर एवं एक विशाल सरोवर है। सरोवर की स्थिति अन्य कुण्ड की अपेक्षा बहुत बेहतर है। अन्य कुण्डों की अपेक्षा इस कुण्ड का जल स्वच्छ एवं जल की मात्रा भी अधिक है। इस मन्दिर में शत्रुघ्न जी की एक पीतल की प्रतिमा स्थापित है। स्थानीय निवासी शीतला प्रसाद जी के द्वारा इस मन्दिर पर पूजा-पाठ किया जा रहा है।

134. अजिताश्रम

पता – यह स्थान भरत कुण्ड के निकट भदरसा बाज़ार से 5 किलोमीटर आगे जाने पर कैलपारा नामक ग्राम सभा के कैल में स्थित है।

शिलालेख – यह शिलालेख सड़क के किनारे एक विशाल आम के वृक्ष के नीचे लगा हुआ है।

मान्यता – यहाँ के स्थानीय निवासियों को इस स्थान के बारे में कुछ विशेष जानकारी नहीं है। सुनी-सुनाई बातों के आधार पर यहाँ के लोगों की मान्यता है कि कुछ वर्ष पूर्व यहाँ एक ऋषि रहा करते थे और उन्होंने हरिद्वार से कुछ जल लाकर इस सरोवर में डाल दिया था। तभी से इस स्थान को हरिद्वार के नाम से भी जाना जाने लगा है।

वर्तमान स्थिति – स्थानीय निवासी अयोध्या प्रसाद पाण्डेय जी बताते हैं कि उनके बाल्यकाल (80 के दशक) तक यह सरोवर कभी सूखा नहीं था लेकिन फिर एकाएक इसका पानी सूख गया। अब यह सरोवर बहुत अधिक सिमट चुका है और इस सरोवर का कुछ भाग स्थानीय लोगों द्वारा पाट कर उस पर भवन निर्माण करवाया गया है। वर्तमान ग्राम प्रधान के प्रयास से अभी यहाँ एक बड़े तालाब को जीवित रखा गया है।

135. आस्तिक जी

शिलालेख – शिलालेख मन्दिर परिसर के बाहर एक चाय की दुकान में लगा हुआ है।

किंवदन्ती – अयोध्या माहात्म्य के अनुसार यह स्थान श्री आस्तिक मुनि का आश्रम है। इस स्थान पर दर्शन एवं नागपूजन करने से सर्पभय नहीं रहता।

मान्यता – इसी स्थान के समीप ही जनमेजय कुण्ड भी स्थित है जो कि किन्हीं कारणों से एडवर्ड तीर्थ विवेचनी सभा द्वारा चिह्नित नहीं किया गया है। यहाँ अयोध्या चौरासी कोसी परिक्रमा का नौवें दिन का रात्रि विश्राम होता है।

136. रमणक स्थान

पता – यह स्थान सोहावल से दक्षिण दिशा में लगभग चार किलोमीटर की दूरी पर पण्डितपुर ग्राम में स्थित है।

शिलालेख – शिलालेख एक विद्यालय के कक्ष में असुरक्षित स्थिति में लगा हुआ है।

किंवदन्ती – ऋषि रमणक के बारे में विस्तृत जानकारी उपलब्ध नहीं होती लेकिन रुद्रयामल ग्रन्थ के अयोध्या माहात्म्य में वर्णित है कि रमणक स्थान के दर्शन से सभी प्रकार के पाप नष्ट हो जाते हैं। लोक मान्यता है कि ऋषि की तपस्या से ही तिलोदकी गंगा (त्रिलोचना) नदी

का आविर्भाव हुआ। तिलोदकी का उद्गम स्थल और ऋषि रमणक की तपस्थली सोहावल बाज़ार से तीन किलोमीटर दक्षिण पण्डितपुर गाँव के पास स्थित है। यहीं तिलोदकी गंगा का उद्गम स्थल माना जाता है। यह नदी ज़िले के विभिन्न क्षेत्रों से होते हुए अयोध्या स्थित यज्ञवेदी के पूरब सरयू से संगम करती थी।

मान्यता – पण्डितपुर और यज्ञवेदी पर भादों मास की अमावस्या तिथि पर आज भी मेला लगता है। इस तिथि को कुशोदपाटिनी अमावस्या भी कहते हैं। इस तिथि पर अभी कुछ वर्षों पूर्व तक तिलोदकी के घाटों पर लोग स्नान-दान करके पुण्य लाभ अर्जित करते थे। यहाँ पर एक नवीन देवी मन्दिर का निर्माण भी हुआ है।

137. धृताची कुण्ड

पता – यह स्थान सोहावल तहसील के हरिबन्धनपुर में सरयू तट पर स्थित है। अयोध्या- लखनऊ राजमार्ग पर पूरे कीरत काँटा चौराहे से दाहिनी ओर चार किलोमीटर की दूरी पर धृताची कुण्ड का शिलालेख है।

शिलालेख – शिलालेख अपने स्थान पर लगा हुआ है।

किंवदन्ती – श्री अयोध्या माहात्म्य के अनुसार धृताची नाम की अप्सरा ने श्री वत्स ऋषि की तपस्या को भंग किया था। ऋषि ने उसे शाप दे दिया। शाप मुक्ति के लिए उसने ऋषि से प्रार्थना की तो ऋषि ने उसे सरयू स्नान का आदेश दिया। इसके बाद धृताची ने इसी पुण्य तीर्थ पर स्नान किया और शाप मुक्त हो गयी। तभी से यह तीर्थ धृताची तीर्थ या धृताची कुण्ड कहलाता है।

मान्यता – पौराणिक मान्यताओं के अनुसार यहाँ की वार्षिक यात्रा पौष शुक्ल चतुर्दशी को मानी गयी है। इस दिन यहाँ एक विशाल मेला लगता है जिसे यहाँ के लोग घियारी का मेला कहते हैं। घियारी शब्द धृताची का अपभ्रंश जान पड़ता है। स्थानीय जन बताते हैं कि अब यह मेला भी हर वर्ष कम ही होता जा रहा है। मेले के दिन यहाँ आने वाली दुकानों को काँटा चौराहे पर ही स्थानीय दुकानदारों द्वारा रोक

लिया जाता है जिसके कारण विगत कुछ वर्षों से यह मेला यहाँ के बजाय काँटा चौराहे पर लगने लगा है।

वर्तमान स्थिति – वर्तमान में यह कुण्ड पूर्णतया लुप्त हो चुका है। यहाँ लगे शिलालेख के समीप कुछ गड्ढे बचे हुए हैं जिसे स्थानीय लोग धीरे-धीरे पाट कर उस पर अवैध क़ब्ज़ा कर रहे हैं। यहाँ कुछ ईंटों के सहारे हनुमान जी की एक प्रतिमा रखी हुई है एवं उसके ठीक सामने एक शिवलिंग स्थापित है। इस स्थान की देख-रेख एवं पूजा-पाठ का कार्य गाँव के ही एक हरिजन समुदाय के पुजारी बाबा रामदास द्वारा किया जा रहा है जो यहाँ लगभग 15 वर्षों से एक कुटिया बना कर रह रहे हैं। इन्हीं के द्वारा सामाजिक सहयोग से इसी स्थान पर एक शिवाले का निर्माण कार्य कराया जा रहा था।

138. सरयू-घाघरा संगम

पता – यह स्थान गोण्डा ज़िले के परसपुर ब्लाक के अन्तर्गत आने वाले पसका ग्राम में स्थित है।

शिलालेख – यह शिलालेख कई वर्षों पूर्व तोड़ कर लुप्त कर दिया गया था। अत्यधिक प्रयास से शिलालेख का निचला खण्डित भाग प्राप्त हुआ है। ऊपरी भाग की तलाश जारी है।

किंवदन्ती – अयोध्या के चौरासी कोसी क्षेत्र के चार संगम में से एक श्री सरयू-घाघरा संगम सबसे बड़ा संगम है। इसकी महिमा का वर्णन स्कन्द पुराण व रुद्रयामल जैसे ग्रन्थों में वर्णित है। इस स्थान पर श्रद्धालु पौष मास में कल्पवास करते हैं। पूरे पौष मास भर यहाँ विशाल मेला लगता है। यह नजारा कुम्भ के जैसा प्रतीत होता है। मान्यता है कि यहाँ पौष मास की शुक्ल चतुर्दशी को व्रती होकर रात्रि जागरण करके प्रातःकाल ब्रह्ममुहूर्त में संगम में स्थान करने से विशेष कृपा होती है।

गुरु कृपा
गुरु नर हरि दास जी से

श्री गुरु नर हरि दास आश्रम

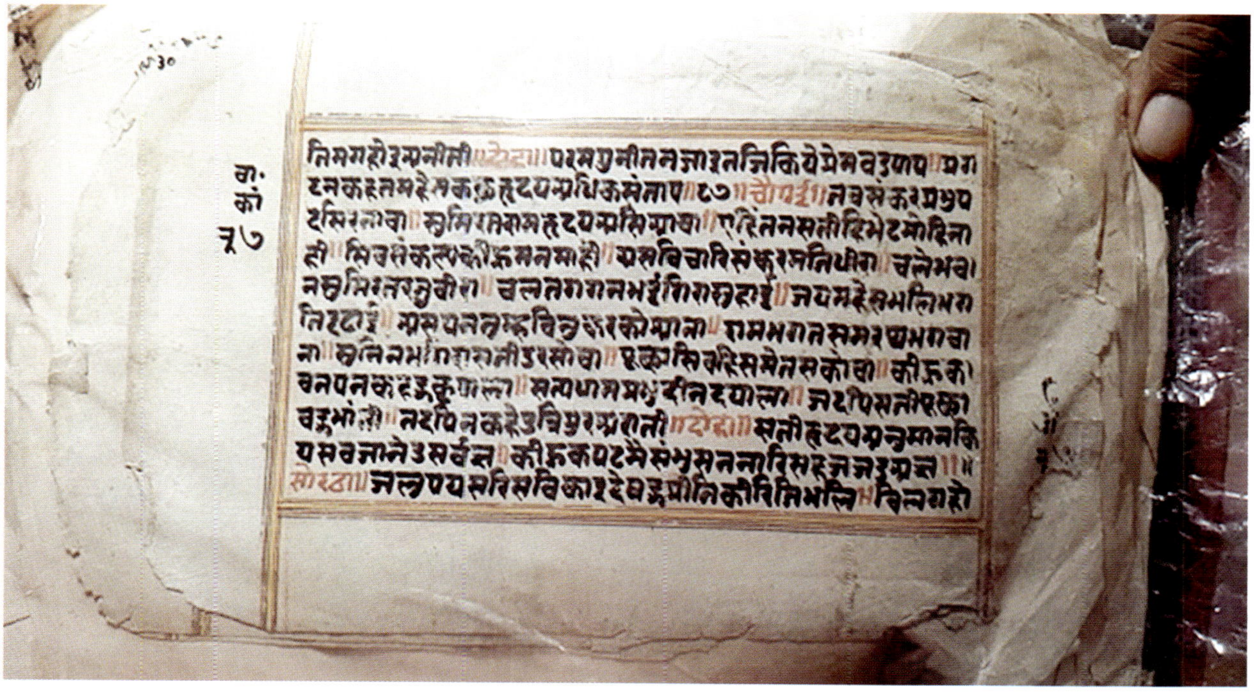

मान्यता – पौराणिक मान्यताओं के अनुसार इसी क्षेत्र में श्री रामचरितमानस के रचयिता गोस्वामी तुलसीदास जी के गुरु श्री नरहरि दास जी का आश्रम था। इसी स्थान पर तुलसीदास जी ने अपने गुरु से रामचरितमानस का बारम्बार श्रवण किया था। रामचरितमानस के बालकाण्ड में तुलसीदास जो लिखते हैं–

मैं पुनि निज गुर सन सुनी कथा सो सूकरखेत।
समुझी नहिं तसि बालपन तब अति रहेउँ अचेत।।

कहत कथा इतिहास बहु आये सूकरखेत।
संगम सरयू-घाघरा संत जनम सुख देत।।

139. वाराह क्षेत्र

पता – यह स्थान गोण्डा ज़िले के परसपुर बाज़ार से दक्षिण की ओर जाने वाले मार्ग पर लगभग 12 किलोमीटर की दूरी पर पसका चौराहे पर स्थित है।

शिलालेख – शिलालेख मन्दिर परिसर के बाहर दक्षिण दिशा में लगा हुआ है। शिलालेख के समीप स्थानीय जनों द्वारा मवेशी बाँधे जाते हैं। उन मवेशियों के शरीर की रगड़ के कारण शिलालेख घिस गया है जिससे उस पर लिखे गये अक्षर साफ़ नहीं दिखायी देते। स्थानीय निवासी राघवेंद्र सिंह जी से निवेदन किया है जिन्होंने शिलालेख को स्थानान्तरित कर के मन्दिर परिसर में सुरक्षित लगाने का आश्वासन दिया है।

किंवदन्ती – यह स्थान गोडा ज़िले के परसपुर से लगभग 18 किमी दक्षिण वाराह क्षेत्र (सूकर) के रूप में चर्चित है। अयोध्या दर्पण की कथा के मुताबिक़ इसी स्थान पर भगवान विष्णु ने पृथ्वी का उद्धार करने के

लिए वाराह रूप धारण कर हिरण्याक्ष का वध किया और पुनः पृथ्वी को यथास्थान में स्थापित किया। ग्रन्थों में कहा गया है कि जब हिरण्याक्ष नामक असुर ने अपनी तपस्या के बल पर शक्ति प्राप्त कर ली और माता पृथ्वी को अपने क़ब्ज़े में ले लिया और उसे छुपा दिया। पृथ्वी पर त्राहि-त्राहि मच गयी। हिरण्याक्ष वाराह क्षेत्र के संगम पर एक स्थान पर छिपकर रहने लगा तो भगवान श्रीहरि विष्णु वाराह (सूकर) रूप में अवतरित हुए और असुर हिरण्याक्ष जहाँ छिपा हुआ था वहाँ पहुँच कर घोर संघर्ष किया। अन्त में उन्होंने हिरण्याक्ष का वध कर माता पृथ्वी को मुक्त कराया। यहीं पर भगवान वाराह का दिव्य मन्दिर है। इसमें भगवान वाराह के साथ ही अन्य देवी-देवताओं की मूर्तियाँ स्थापित हैं। इसके पहले मन्दिर में यहाँ सोने की भगवान की मूर्ति स्थापित थी।

मान्यता – स्थानीय मान्यताओं में इस स्थान के समीप एक वाराही देवी नाम से प्रसिद्ध स्थान है। स्थानीय जनों से बातचीत करने से यह ज्ञात हुआ कि यहाँ एक सुरंग स्थित है और उस सुरंग में कई वर्षों पूर्व तक एक स्थानीय कथा प्रचलित थी कि कभी-कभी रात्रि में इस स्थान पर दिव्य प्रकाश दिखायी देता था एवं दूर से देखने पर वहाँ एक देवी के दर्शन होते थे। बाद में स्थानीय जनों ने इस गुफा में एक दुर्गा जी की प्रतिमा स्थापित कर के उसकी पूजा करने लगे।

140. जम्बू तीर्थ, 141. त्रिन्दिल जी, 142. अगस्त्य जी

पता – यह तीर्थ क्षेत्र गोण्डा ज़िले में परसपुर के समीप भौरीगंज बाज़ार से दो किलोमीटर उत्तर-पश्चिम में सरैयां ग्राम सभा में स्थित है।

शिलालेख – तीनों शिलालेख जम्बू तीर्थ क्षेत्र में लगे हुए हैं।

किंवदन्ती – यह चौरासी कोसी परिक्रमा का विश्राम स्थल भी है। वाराह क्षेत्र से इसकी दूरी लगभग आठ कोस मानी जाती है। इस तीर्थ में तीन स्थान समाहित हैं। जम्ब ूतीर्थ, ऋषि अगस्त्य और तुन्दिल आश्रम। यहाँ एक प्राचीन श्रीराम का मन्दिर है। इसके साथ ही हनुमान मन्दिर है। तीनों तीर्थों के स्थान में थोड़ी ही दूरी है। तुन्दिल नामक ब्राह्मण को यहाँ तपस्या के फलस्वरूप रोगमुक्ति हुई थी। इसके बाद तुन्दिल आश्रम चर्चा में आया। जम्बू तीर्थ माहात्म्य को लेकर यहाँ के लोग बताते हैं कि बहुत समय पहले देव शर्मा नामक ब्राह्मण को यहाँ तपस्या के दौरान जम्बूक (सियार) का दर्शन हुआ और वह सियार देखते-देखते दिव्य देहधारी हो गया। इसीलिए इसे जम्बू तीर्थ के नाम से जाना गया।

मान्यता – वर्तमान समय में यहाँ अयोध्या की चौरासी कोसी परिक्रमा का पन्द्रहवें दिन का रात्रि विश्राम होता है। स्थानीय जनों द्वारा बड़े पैमाने पर परिक्रमार्थियों का सेवा कार्य किया जाता है। इस स्थान पर प्रत्येक वर्ष मुख्यतया तीन मेले लगते हैं– कार्तिक मास की नौमी को, वैसाख अमावस्या को एवं जिस दिन यहाँ चौरासी कोसी परिक्रमा के परिक्रमार्थियों का जत्था पहुँचता है उस दिन एवं प्रत्येक वर्ष गंगा दशहरा एवं गुरु पूर्णिमा के दिन यहाँ विशाल भण्डारा किया जाता है।

वर्तमान स्थिति – वर्तमान समय में यहाँ का सबसे प्राचीन रामजानकी मन्दिर गिर चुका है जो जम्बू तीर्थ शिलालेख के बगल में था। मन्दिर की सभी प्रतिमाएँ बगल के हनुमान मन्दिर में सुरक्षित रखी हुई हैं। यहाँ के मुख्य पुजारी मोहनदास जी बताते हैं कि शीघ्र ही नवीन मन्दिर का निर्माण प्रारम्भ होगा। इस मन्दिर का निर्माण मार्च 2020 में प्रारम्भ होना था, परन्तु कोरोना महामारी के कारण विलम्ब हो गया। यह क्षेत्र लगभग 27 बीघे में फैला है। मन्दिर परिसर से सट कर सरयू जी बहती हैं जहाँ स्थानीय जन नित्य स्नान के लिए आते हैं।

143. पराशर आश्रम

पता – गोण्डा ज़िले के तरबगंज थाने से दक्षिण दिशा में बन्धा मार्ग से लगभग 13 किलोमीटर दूरी पर यह स्थान स्थित है।

किंवदन्ती – पौराणिक कथाओं के अनुसार श्री पराशर मुनि अयोध्या के कुलगुरु वशिष्ठ जी के पौत्र थे। ऋषि पराशर परम ज्ञानी थे।

मान्यता – प्राचीन ग्रन्थों एवं पुराणों के अनुसार ऋषि पराशर और उनकी पत्नी माता सत्यवती की सन्तान महर्षि व्यास जी थे जो कि भगवान विष्णु के सत्रहवें अवतार माने गये हैं। उन्होंने महाभारत समेत 18 महान ग्रन्थों की रचना की थी। वेद व्यास आठ चिरंजीवियों (नश्वरों) में से एक हैं।

वर्तमान स्थिति – वर्तमान समय नें यह आश्रम अत्यन्त उपेक्षित है। पहले यहाँ ऋषि पराशर की अत्यन्त सुन्दर अष्टधातु की प्रतिमा स्थापित थी, जो कि कुछ वर्षों पूर्व यहाँ से चोरी हो गयी। वर्तमान में यहाँ एक प्रस्तरमूर्ति स्थापित है। यहाँ एक अत्यन्त प्राचीन खण्डित विष्णु प्रतिमा के अवशेष भी हैं जिसके विषय में स्थानीय जनों से बातचीत करने से ज्ञात हुआ कि इस प्रतिमा को औरंगज़ेब के शासन में खण्डित कर दिया गया था। मन्दिर के बगल में एक पराशर कुण्ड भी है जो कि लुप्त होने के कगार पर है।

144. गोकुलग्राम श्री कुण्ड

पता – नवाबगंज से ढेमवा घाट मार्ग पर लगभग 14 किलोमीटर आगे जाने पर दाहिनी ओर साखीपुर गाँव को ओर मुड़ने वाली सड़क पर एक किलोमीटर अन्दर जाने पर ग्राम सभा गोकुला में यह स्थान स्थित है।

शिलालेख – शिलालेख श्री कुण्ड पर बनी सीढ़ियों के दाहिनी ओर लगा है।

मान्यता – वर्तमान मान्यता अनुसार श्री कुण्ड में नियमित स्नान करने से कुष्ठ रोग से मुक्ति मिलती है एवं सभी मनोकामनाएँ पूर्ण होती हैं। स्थानीय जनों से पूछने पर कुष्ठ रोग से मुक्ति की मान्यता प्रमाणित जान पड़ती है क्योंकि जब मैं स्थान के विषय में जानकारी के लिए वहाँ पर था तब दो जन जो कुष्ठ रोग से पीड़ित थे, वहाँ स्नान हेतु आये हुए थे। उनसे बातचीत करने पर मालूम हुआ कि श्री कुण्ड में नियमित स्नान से उनके शरीर पर जो कुष्ठ रोग है उसमें समय के साथ सुधार हो रहा है।

वर्तमान स्थिति – यह कुण्ड अब एक सरोवर का रूप ले चुका है जो लगभग 20 बेस्वा में फैला हुआ है। बरसात में यह और बड़े भाग में फैल जाता है। यहाँ के महन्त सुरेशदास जी बताते हैं कि कुण्ड को समय-समय पर स्थानीय जनों के सहयोग से साफ़ किया जाता है। वर्तमान में इस स्थान की स्थिति बेहतर है।

145. श्री लक्ष्मी जी

पता – नवाबगंज से ढेमवा घाट मार्ग पर लगभग 14 किलोमीटर आगे जाने पर दाहिनी ओर साखीपुर गाँव की ओर मुड़ने वाली सड़क पर एक किलोमीटर अन्दर जाने पर ग्राम सभा गोकुला में यह स्थान स्थित है।

शिलालेख – शिलालेख मन्दिर के ठीक सामने लगा हुआ है।

किंवदन्ती – अयोध्या माहात्म्य के अनुसार श्री कुण्ड में स्नान करके श्री जगदम्बा,लक्ष्मी जी का पूजन विधिपूर्वक पितृ तर्पण करके, दान देकर नर दरिद्रता से छुटकारा पा जाता है। यह लक्ष्मी क्षेत्र महापीठ साधकों को सिद्धि देने वाला है। नवरात्र की अष्टमी को जो नर यहाँ की यात्रा तथा विधिपूर्वक पूजन करता है उसके घर को लक्ष्मी कभी नहीं छोड़ती।

मान्यता – यहाँ की मान्यता अनुसार जो जन नित्य यहाँ की यात्रा करते हैं उन्हें धन-धान्य की कभी कमी नहीं होती। जब मैं मन्दिर परिसर में था तब एक स्थानीय निवासी वहाँ ध्यान की मुद्रा में थे। उनकी पूजा के समाप्त होने के पश्चात् उनका परिचय भवानी फेर सिंह के रूप में प्राप्त हुआ। उन्होंने बताया कि उनके परिवार में पहले धन के अभाव से जीवन-यापन में परेशानियों का सामना करना पड़ता था उसके पश्चात् वो नित्य श्री कुण्ड में स्नान करके श्री लक्ष्मी जी के दर्शन करने आते हैं। वर्तमान समय में उनके दोनों पुत्र नौकरी में हैं और परिवार सुख में है। उनका मानना है कि यह सब उनकी यहाँ की नित्य यात्रा का फल है।

146. स्वप्नेश्वरी देवी

पता – नवाबगंज से ढेमवा घाट मार्ग पर लगभग 14 किलोमीटर आगे जाने पर दाहिनी ओर साखीपुर गाँव की ओर मुड़ने वाली सड़क पर एक किलोमीटर अन्दर जाने पर ग्राम सभा गोकुला में यह स्थान स्थित है।

शिलालेख – यह शिलालेख श्री लक्ष्मी जी के मन्दिर के ठीक सामने उत्तर दिशा में लगभग 300 मीटर की दूरी पर स्थित है।

किंवदन्ती – अयोध्या माहात्म्य के अनुसार कुछ विशेष मन्त्रों के साथ विधिपूर्वक पूजा करने पर स्वप्नेश्वरी जी स्वप्न में भक्त जनों को शुभ, अशुभ बता देती हैं एवं जीवन में आने वाली विपदाओं से पहले पूर्वाभास करवा देती हैं। माता स्वप्नेश्वरी को यहाँ वराह रूप

में पूजा जाता है। यहाँ मन्दिर नष्ट हो जाने के कारण स्थानीय जनों ने सुरक्षा के दृष्टिकोण से प्रतिमा को इसके सामने स्थित लक्ष्मी मन्दिर में रख दिया जहाँ पर उनकी पूजा-अर्चना की जाती है।

मान्यता – वर्तमान समय में स्थानीय महिलाएँ हर सोमवार व शुक्रवार को यहाँ पूजा करने आती हैं एवं समय-समय पर अपनी मनोकामनाएँ पूर्ण होने पर यहाँ पर हलवा-पूड़ी का प्रसाद भी चढ़ाती हैं। वह प्रसाद इसी स्थान पर बनाया जाता है जिसे स्थानीय भाषा में कड़ाही चढ़ाना बोलते हैं।

वर्तमान स्थिति – वर्तमान में इस स्थान पर मात्र एक वट वृक्ष है। इसी वट वृक्ष के नीचे एक छोटे चबूतरे पर देवी पिंड स्थापित है। स्थानीय लोग इसी देवी पिंड एवं वट को पूजते हैं। लोग बताते हैं कि बहुत समय पहले यहाँ भी एक मन्दिर हुआ करता था मगर फिर वहाँ एक वट वृक्ष निकल गया और धीरे-धीरे इसी वट वृक्ष ने पूरे मन्दिर को तोड़ दिया।

नोट–शिलालेख क्रमांक 144. गोकुलग्राम श्री कुण्ड, 145. श्री लक्ष्मी जी, 146. स्वप्नेश्वरी देवी यह गोकुलातीर्थ क्षेत्र के अन्दर ही आते हैं। यह क्षेत्र लगभग 500 मीटर में फैला हुआ है। इस सम्पूर्ण तीर्थ क्षेत्र के आधिकारिक स्वामी स्वयं राम जी हैं। वर्तमान में इस क्षेत्र के महन्त सुरेशदास जी एवं पुजारी शत्रुघ्नदास जी हैं। यहाँ स्थित श्री लक्ष्मी जी के मन्दिर में विगत वर्षों में कई बार चोरी का प्रयास किया गया एवं यहाँ के पुजारियों पर प्राणघातक हमले किये गये मगर स्थानीय लोग बताते हैं कि कई बार की चोरियों के प्रयास के बाद भी चोर कभी यहाँ की प्रतिमाओं को गोकुला ग्राम से बाहर नहीं ले जा सके जिसे स्थानीय लोग देवी कृपा के रूप में देखते हैं।

147. वरस्रोत कुटिला संगम

पता – यह स्थान गोण्डा ज़िले के नवाबगंज बाज़ार से ढेमवा घाट की ओर जाने वाले मार्ग पर लगभग छह किलोमीटर आगे जाने पर चौखड़िया घाट नामक प्रसिद्ध स्थान पर पड़ता है। यह स्थान इसी घाट पर बने पुल के दाहिनी ओर स्थित है।

शिलालेख – यह शिलालेख वर्तमान में मन्दिर के बगल कुटिला तट पर लगा हुआ है। शिलालेख का वास्तविक स्थान यहाँ से लगभग 400 मीटर पूर्व दिशा में था। वरस्रोत कुटिला का संगम उन्ही स्थान पर है मगर

वर्तमान में वह स्थान निर्जन है। इसी कारण सुरक्षा के दृष्टिकोण से स्थानीय जनों ने इस शिलालेख को स्थानान्तरित करके यहाँ लगा दिया।

किंवदन्ती – अयोध्या माहात्म्य के अनुसार इस तीर्थ स्थान पर कार्तिक पूर्णिमा को विधिपूर्वक स्नान, दान करने से सभी पापों से मुक्ति मिलती है।

मान्यता – लगभग 22 वर्ष पूर्व यहाँ के स्थानीय निवासी एवं पूर्व ग्राम प्रधान चौखड़िया श्री दशासुमेर सिंह जी द्वारा अपनी भूमि को दान स्वरूप दे कर कुटिला तट पर सामूहिक सहयोग से एक हनुमान मन्दिर का निर्माण करवाया गया। यहाँ के पुजारी श्री पटेश्वरी प्रसाद शुक्ल जी बताते हैं कि वर्तमान में इस मन्दिर परिसर में एक हनुमान जी का मन्दिर, एक दुर्गा जी मन्दिर एवं एक निर्माणाधीन शिवाला है। यहाँ हर वर्ष कार्तिक माह की पूर्णिमा को विशाल मेले का आयोजन होता है।

148. कुटिला सरयू संगम ((टेढ़ी) कपिल ग्राम)

पता – यह स्थान गोण्डा ज़िले के नवाबगंज बाज़ार से ढेमवा घाट की ओर जाने वाले मार्ग पर लगभग दो किलोमीटर जाने पर महँगूपुर गाँव में स्थित है।

शिलालेख – शिलालेख मन्दिर के बाहर दाहिनी ओर मन्दिर से सटा कर लगा हुआ है।

किंवदन्ती – अयोध्या माहात्म्य के अनुसार इस तीर्थ स्थान पर अष्टावक्र ऋषि की शापाभिभूत 1400 राज-कन्याएँ कुब्जा दोष (कूबड़) से मुक्त हुई थीं। उन्हीं कन्याओं के वंश द्वारा कान्यकुब्ज देश विख्यात हुआ। वर्तमान समय में भगवान श्री हरि विष्णु के प्रमुख चौबीस अवतारों में से कपिल मुनि पाँचवें अवतार के रूप में माने जाते हैं। यह स्थान उनके आश्रम के रूप में भी प्रसिद्ध है। भगवान विष्णु के इस अवतार को ज्ञानावतार कहा जाता है। सतयुग में ब्रह्मा

के मानस पुत्र ऋषि कर्दम तथा उनकी पत्नी देवहुति की तपस्या से प्रसन्न होकर नारायण विष्णु ने ऋषि दम्पति को वरदान दिया कि मैं पुत्र रूप में तुम्हारे यहाँ जन्म लूँगा। कालान्तर में ऋषि पत्नी देवहुति के गर्भ से कपिल मुनि का जन्म हुआ।

मान्यता – जनश्रुति के अनुसार लगभग चार सौ वर्ष पूर्व कुटिला सरयू संगम नदी में आयी बाढ़ से श्री कपिल मुनि की अनुप्राणित प्रतिमा का अवतरण हुआ।

मान्यता अनुसार माघ मास की मकर संक्रान्ति को कपिल मुनि का जन्म हुआ था। अतः हर मकर संक्रान्ति को कपिल मुनि का जन्मोत्सव इस स्थल पर मनाया जाता है। यह उत्सव 9 दिनों तक चलता है। उत्सव की समाप्ति के दिन यहाँ विशाल मेले का आयोजन होता है और कपिल मुनि के मन्दिर में एक विशाल भण्डारे का आयोजन किया जाता है।

वर्तमान स्थिति – वर्तमान समय में कपिल मुनि एक शिला के रूप में गाँव के मध्य एक विशाल मन्दिर में विराजमान हैं। मन्दिर का अभी हाल के वर्षों में बहुत बेहतर एवं सुन्दर ढंग से पुनर्निर्माण करवाया गया है। मन्दिर का परिसर बहुत सीमित स्थान में है।

खण्ड चार

परिशिष्ट

अयोध्या—समृद्ध संस्कृति, उत्कृष्ट विरासत, गौरवान्वित वर्तमान : महायोजना

अनुक्रमणिका

1. अयोध्या एवं राम

अयोध्या की स्थापना विक्रमादित्य ने की है जिससे यह पूरे विश्व में सभ्यता एवं संस्कृति का प्रथम उद्‌गम क्षेत्र है। अयोध्या का शाब्दिक अर्थ है—जहाँ युद्ध न हुआ हो। अथर्ववेद में अष्टचक्र एवं नवद्वार युक्त अयोध्या का वर्णन प्राप्त होता है। सप्तपुरियों में अयोध्या प्रथम पुरी के रूप में प्राचीन काल से समृद्ध विरासत की परम्परा में विद्यमान है।

अयोध्या के राजा इक्ष्वाकुवंशीय थे जिनके कुल में पृथु, निकुम्भ, प्रसेनजित, मान्धाता, हरिश्चन्द्र, सगर, दिलीप, भगीरथ, सुदास, रघु, अज, दशरथ एवं राम आदि प्रमुख राजा हुए हैं। राम का जन्म एवं महाप्रस्थान अयोध्या से ही हुआ। प्रथम जैन तीर्थंकर आदिनाथ ऋषभदेव से लेकर पाँच जैन तीर्थंकरों का जन्म स्थल भी अयोध्या है। महात्मा बुद्ध के शाक्य गणतन्त्र से अयोध्या का वैवाहिक सम्बन्ध भी बना। छह वर्षाकाल महात्मा बुद्ध ने अयोध्या में ही व्यतीत किये। दन्त धावन कुण्ड का उल्लेख ह्वेनसांग के यात्रा-वृत्तान्त में प्राप्त होता है। बौद्ध ग्रन्थों में अयोध्या को शा-ची कहा गया, इसे साकेत भी कहा जाता है। यहाँ 35 जातियों के तथा 25 राजघरानों के मन्दिर भी प्राप्त होते हैं। श्रीराम जन्मभूमि विश्व में सनातन संस्कृति का प्रतीक स्थल है। भारत सहित दक्षिण-पूर्व एशिया, मध्य-पूर्व, यूरोप, अमेरिका आदि विश्व के सभी क्षेत्रों में राम की विश्व व्यापकता अद्‌भुत, आश्चर्यजनक एवं प्रामाणिक रूप में प्राप्त होती है। राम की वैश्विक स्वीकार्यता विश्व में सभ्यता और संस्कृति के प्रारम्भ से प्राप्त होती है।

भारत और दुनिया के सभी देशों के जीवन, साहित्य एवं कलाओं में पूर्णता से श्रीराम प्राप्त होते हैं। राम की सांस्कृतिक विश्व यात्रा अयोध्या को शेष भारत तथा सम्पूर्ण विश्व से जोड़ती है। कलिंग युद्ध के पश्चात लगभग दूसरी शती ई.पू. रामायण संस्कृति का विस्तार दक्षिण-पूर्व एशियाई देशों में हुआ जिसमें थाईलैण्ड, इण्डोनेशिया आदि प्रमुख हैं। चोल संस्कृति के तमिल प्रभाव का भी विस्तार मलेशिया, फिलीपींस आदि देशों में रामायण संस्कृति के रूप में हुआ। इसी प्रकार पाताल लोक जिसे वर्तमान में मध्य अमेरिका

के होण्डुरास, ग्वाटेमाला आदि देश के रूप में माना जाता है, हनुमान जैसी प्रतिमाएँ प्राप्त होती हैं। केवल वास्तुशिल्प में ही नहीं अपितु एन्थ्रोपोलॉजी में भी बहुत अधिक प्रभाव मध्य-पूर्व में सनातन संस्कृति का प्राप्त होता है। पेरू में अत्यन्त प्राचीन सूर्य के तीन मन्दिर हैं। यहाँ प्रतिवर्ष 24 जून को भव्य सूर्योत्सव का आयोजन किया जाता है। पेरू की संस्कृति के अनेक तत्त्व भारतीय संस्कृति से मिलते हैं। ब्राजील, अफ्रीका आदि देशों में भी हनुमान जैसे देवता की पूजा आज भी इन देशों के आदिवासी क़बीलों में की जाती है। होण्डुरास में आदिवासी जनजाति में एक जनजाति राम जनजाति भी है। मध्य अमेरिका में एक नदी है, जिसका नाम 'राम रिवर' है।

यूरोप में 700 ई.पू. से 400 ई.पू. तक इटली एट्रक्शन सभ्यता का विकास हुआ जो बहुत अधिक रामायण संस्कृति से मिलती है। ऐसे भित्तिचित्र आज भी विद्यमान हैं जिसमें रामायण की महत्त्वपूर्ण कथाएँ चित्रांकित हैं। यूरोप के अनेक देशों में सनातन संस्कृति से सम्बन्धित स्वस्तिक, कमल आदि चिह्नों का व्यापक प्रभाव मिलता है जिस पर अब गहन शोध कार्य भी किये जा रहे हैं।

मध्य-पूर्व इराक, ईरान, लेबनान, सीरिया आदि में रामायणकालीन अनेक भित्तिचित्र पहाड़ों में प्राप्त होते हैं। बेलुला की प्रसिद्ध पहाड़ियों में राम एवं हनुमान का अंकन तथा लगभग 130 किलोमीटर दूर ईरान के क्षेत्र में भी पहाड़ियों पर ऐसे अंकन प्राप्त होते हैं जो आज से लगभग 5000 वर्ष पूर्व विकसित हुए।

सन् 2005 में यूनेस्को द्वारा रामलीला को विश्व विरासत घोषित किया गया। रामलीला लगभग सभी देशों में उनकी अपनी रामायण, अपनी संस्कृति के सापेक्ष भिन्न-भिन्न स्वरूपों में मंचित की जाती हैं। प्रवासी देशों में लगभग 200 वर्ष पूर्व भारत के जहाज़ी लोगों द्वारा रामलीला का जो मंचन प्रारम्भ किया गया वह आज भी यथावत् है। प्रवासी देशों के जहाज़ी लोगों के जीवन संघर्ष में राम एवं रामलीला का महत्त्वपूर्ण योगदान रहा।

कलाओं में राम की विश्व व्यापकता भी महत्त्वपूर्ण है। राम-जानकी मार्ग तथा राम वनगमन मार्ग के रूप में अयोध्या से जनकपुर तथा अयोध्या से लंका तक यात्रा के लगभग 250 स्थल आज भी विद्यमान हैं। मूर्ति कलाओं एवं हस्तशिल्प कलाओं में प्राचीनकाल से लेकर आज तक रामायण आधारित आकर्षक मूर्तियों एवं हस्तशिल्पियों का निर्माण किया जा रहा है। चित्र शैलियों में सभी लोकचित्र शैलियों, लघुचित्र शैलियों एवं आधुनिक शैलियों में रामायण का विशद अंकन एक परम्परा के रूप में विकसित हुआ।

साहित्य के क्षेत्र में वाल्मीकि रचित रामायण से पूर्व लोक तथा अवेस्ता बोली में भी रामायण का वर्णन प्राप्त होता है। कुशीलव जनजातियों द्वारा गायी जाने वाली रामकथा रामायण के माध्यम से साहित्यिक स्वरूप ग्रहण करती है जो भारत की सभी भाषाओं एवं सभी बोलियों में विद्यमान है जो लोकगीतों, लोककथाओं, लोक मान्यताओं एवं लोक विश्वास के माध्यम से सतत अभिव्यक्त हो रही है। विश्व की सभी महत्त्वपूर्ण भाषाओं में वाल्मीकि रामायण तथा तुलसीकृत रामचरितमानस का विशद अनुवाद हुआ है। यही अनुवाद रामकथा के विकास में सहयोगी बना जिसके कारण विदेश में रामलीलाओं तथा राम नाटकों का भी मंचन किया गया।

1. राम की विश्व यात्रा (A big Virtual Museum)

1.1 राम-जानकी मार्ग एवं राम वनगमन मार्ग—लगभग 280 स्थान

1.2 दक्षिण-पूर्व एशिया—स्थापत्य, मूर्ति, चित्र, कला एवं साहित्य

1.3 मध्य एशिया—सांस्कृतिक परम्परा एवं साहित्य

1.4 मध्य पूर्व—पहाड़ियों पर चित्र एवं सांस्कृतिक परम्पराएँ

1.5 यूरोप—सांस्कृतिक एवं साहित्यिक परम्पराएँ

1.6 अमेरिका प्रायद्वीप—मध्य अमेरिका, दक्षिण अमेरिका

2. परिक्रमा मार्ग : आस्था, विश्वास, धर्म एवं संस्कृति के आदान-प्रदान का स्रोत

2.1 चौरासी कोसी परिक्रमा : समय, स्थल एवं सांस्कृतिक महत्त्व

मेला/ आयोजन	उपलक्ष्य में	हिन्दी माह/तिथि	अंग्रेज़ी माह
अयोध्या परिक्रमा मेला	84 कोसी परिक्रमा **(लगभग 240 किमी)** **सम्बन्धित जनपद** **बस्ती** **अयोध्या** **बाराबंकी** **गोण्डा** **बस्ती**	माह बैशाख, कृष्ण, प्रतिपदा से जानकी नवमी तक (24 दिवस) (मखौड़ा, बस्ती से प्रारम्भ होकर शृंगी ऋषि आश्रम, अम्बेडकर नगर—महादेवा घाट, गोसाईगंज—आगागंज टिकरी, तारुन—सीताकुण्ड, दराबगंज, बीकापुर—आस्तीकन, इनायतनगर—जनमेजय कुण्ड, सिड़सिड़— खण्डासा—मलकनिया पड़ाव, रुदौली—पटरंगा इण्टर कालेज, पटरंगा—बेलथरा, टिकैतनगर, बाराबंकी—जम्बुदीप, गौरीगंज, परसपुर, गोण डा—बाराहोदेवी, उमरीबेगमबंज, गोण डा—जमदग्नि आश्रम, जमथा, गोण डा—तरबगंत, गोण्डा—नवाबगंज—सिकन्दरपुर, बस्ती—मखौड़ा, बस्ती से अयोध्या सरयू तट, सीताकुण्ड, अयोध्या तक)	मई

2.2 चौदह कोसी परिक्रमा : समय, स्थल एवं सांस्कृतिक महत्त्व

मेला/आयोजन	उपलक्ष्य में	हिन्दी माह/तिथि	अंग्रेज़ी माह
कार्तिक मेला	14 कोसी परिक्रमा **(लगभग 42 किमी)** **सम्बन्धित जनपद** **अयोध्या**	माह कार्तिक, शुक्ल पक्ष, नवमी (नयाघाट, अयोध्या से रामघाट–सूर्यकुण्ड–अचारीसगरा–भीखापुर–जनौरा–नाका हनुमानगढ़ी–मोदहा–सहादतगंज–गुप्तारघाट–जमथरा–धारा रोड–चक्रतीर्थ–ब्रह्मकुण्ड–राजघाट–झुनकीघाट–स्वर्गद्वार से नयाघाट, अयोध्या तक)	नवम्बर

2.3 पंचकोसी परिक्रमा : समय, स्थल एवं सांस्कृतिक महत्त्व

मेला/आयोजन	उपलक्ष्य में	हिन्दी माह/तिथि	अंग्रेज़ी माह
कार्तिक मेला	5 कोसी परिक्रमा **(लगभग 15 किमी)** **सम्बन्धित जनपद** **अयोध्या**	माह कार्तिक, शुक्ल पक्ष, एकादशी (नयाघाट, अयोध्या से रामघाट–दशरथ कुण्ड–महोबरा–जालपादेवी–चक्रतीर्थ–ब्रह्मकुण्ड–राजघाट–झुनकीघाट–स्वर्गद्वार से नयाघाट, अयोध्या तक)	नवम्बर

3. अयोध्या के समीप अन्य आकर्षण के केन्द्रों में आधारभूत सुविधाओं का विकास एवं अयोध्या से सुगम सम्पर्क व्यवस्था

3.1 एडवर्ड विवेचनी सभा के पत्थर : लगभग 50 किलोमीटर के दायरे में विकसित सनातन संस्कृति से सम्बन्धित कुण्ड, मन्दिर आदि स्थल

3.2 राम-जानकी मार्ग से अयोध्या–गोरखपुर–कुशीनगर–जनकपुर

3.3 राम-जानकी मार्ग से जनकपुर–बलिया–आजमगढ़–अयोध्या

3.4 लुम्बनी, श्रावस्ती, सिद्धार्थनगर

3.5 तुलसी जन्म स्थान पसका, गोण्डा

3.6 राम वनगमन मार्ग–भरतकुण्ड से कुशभवनपुर (धोपाप)–शृंग्वेरपुर–भरद्वाज आश्रम–चित्रकूट

3.7 अयोध्या–पारिजात वृक्ष (बाराबंकी)–चन्द्रिका देवी, ऐशबाग रामलीला, लखनऊ भ्रमण (लखनऊ)–मथुरा-वृन्दावन

4. सांस्कृतिक पर्यटन की दृष्टि से अयोध्या का विकास एवं स्मृति चिह्न/सोवेनियर आदि

4.1 श्रीमती अनुराधा गोयल, गोवा (inditales@gmail.com, Mob. +91 810619898) द्वारा अयोध्या के सांस्कृतिक पर्यटन तथा सोवेनियर आदि पर विस्तृत प्रस्तुत किया गया है जो संलग्न है।

5. अयोध्या के विभिन्न मेले एवं त्यौहार

क्र.	मेला/आयोजन	उपतक्ष्य में	हिन्दी माह/तिथि	अंग्रेज़ी माह
1.	चैत्र रामनवमी मेला	राम जन्म	माह चैत्र, शुक्ल पक्ष, नवमी	अप्रैल
2.	कबीर जयन्ती	आयोजन	माह ज्येष्ठ, शुक्ल पक्ष, पूर्णिमा	मई/जून
3.	सरयू जयन्ती	महोत्सव	माह ज्येष्ठ, शुक्ल पक्ष, पूर्णिमा	जून
4.	गुरु पूर्णिमा	आयोजन, गुप्ता घाट/अयोध्या	माह आषाढ़, शुक्ल पक्ष, पूर्णिमा	जुलाई
5.	तुलसी जयन्ती	आयोजन	माह श्रावण, शुक्ल पक्ष, सप्तमी	जुलाई/अगस्त
6.	सावन झूला मेला	आयोजन	माह श्रावण शुक्ल पक्ष, तृतीया से पूर्णिमा तक	जुलाई/अगस्त
7.	चुटकी देवी मेला (हरितालिका तीज)	आयोजन	माह भाद्रपद, शुक्ल पक्ष, तृतीया	अगस्त
8.	सूर्य कुण्ड मेला	आयोजन	माह भाद्रपद का अन्तिम रविवार	अगस्त
9.	रायपुर मेला	आयोजन	माह भाद्रपद, शुक्ल पक्ष, अनन्त चतुर्दशी	अगस्त
10.	दुर्गा पूजा	नवरात्रि	माह आश्विन, शुक्ल पक्ष, दशमी	अक्टूबर
11.	दीपोत्सव	दीपावली के पूर्व दिवस पर	माह कार्तिक, कृष्ण पक्ष, चतुर्दशी	अक्टूबर/नवम्बर
12.	सूर्य षष्ठी	छठ पर्व	माह कार्तिक, शुक्ल पक्ष, षष्ठी	नवम्बर
		5 कोसी परिक्रमा	माह कार्तिक, शुक्ल पक्ष, एकादशी (नयाघाट, अयोध्या से रामघाट–दशरथ कुण्ड–महोबरा–जालपादेवी–चक्रतीर्थ–ब्रह्मकुण्ड–राजघाट–झुनकीघाट–स्वर्गद्वार से नयाघाट, अयोध्या तक)	नवम्बर
13.	रामायण मेला/राम विवाह	राम विवाह	माह मार्गशीर्ष, शुक्ल पक्ष, पंचमी	दिसम्बर

सिख सम्प्रदाय के आयोजनः

1.	गुरु समागम		माह कार्तिक, शुक्ल पक्ष, द्वितीया	अक्टूबर/ नवम्बर
2.	गुरु नानक जयन्ती		माह कार्तिक, शुक्ल पक्ष, पूर्णिमा	नवम्बर